Methoden und Arbeitsblätter
zu Selbstreflexion, Persönlichkeitsentwicklung und positivem Denken

Kerstin Lehmann

Verlag an der Ruhr

IMPRESSUM

Titel
Lehrer coachen Schüler
Methoden und Arbeitsblätter zu Selbstreflexion, Persönlichkeitsentwicklung und positivem Denken

Autorin
Kerstin Lehmann

Umschlagmotive
Vorderseite: Ole Schleef; Rückseite: Malte Knaack

Illustrationen
Malte Knaack

Lektorat
Dr. Franziska Voigt

Druck
AZ Druck und Datentechnik GmbH, Kempten, DE

Verlag an der Ruhr
Mülheim an der Ruhr
www.verlagruhr.de

Geeignet für die Klassen 5 – 10

ISBN 978-3-8346-2752-0

INHALTSVERZEICHNIS

INHALTSVERZEICHNIS

Danksagung

Mein Dank gilt meinen Kindern, denen ich noch einmal eine andere Sicht auf das System Schule verdanke, meinem Mann, der mich bei der Formatierung des Manuskriptes tatkräftig unterstützt hat, vor allem aber Max Sammet, der mir stets ein großes menschliches und pädagogisches Vorbild war.

VORWORT

Lehrer* sehen sich seit einiger Zeit zunehmend vor die Aufgabe gestellt, eine Vielzahl von Schülern **in inklusiven und heterogenen Lerngruppen** individuell zu **fördern** und dabei deren jeweilige kognitive und soziale Fähigkeiten, ihr Lernverhalten und ihre emotionalen Bedürfnisse vor dem Hintergrund ihrer persönlichen Geschichte wahrzunehmen und differenziert zu entwickeln. Diese komplexe Aufgabe sowie die neue Kompetenzorientierung in den Kernlehrplänen lässt die **Tätigkeit des Beraters** und „Coaches" auch für Lehrkräfte neben der fachlichen Expertise einen immer wichtigeren **Teil der beruflichen Praxis** werden.

Als ich mein Referendariat in den 1990er-Jahren absolvierte, spielten **Coaching-Methoden** in der Schule noch keine Rolle. Nach der Ausbildung nahm ich an zahlreichen Fortbildungen zur Unterrichtsentwicklung und zur Didaktik teil, immer jedoch blieb das Gefühl, dass die verschiedenen didaktischen Ansätze und Methoden zwar im Einzelfall nützlich und hilfreich sind, aber im Hinblick auf die oben geschilderte Anforderung nichts wirklich Innovatives in den Schulalltag einbringen.

Erst im Rahmen einer Coaching-Ausbildung erhielt ich diesbezüglich **neue Impulse** und begann als Lehrerin, über einen Einsatz der dort vermittelten Übungen auch im Unterricht nachzudenken. Ich stellte fest, dass diese Methoden das **didaktische Potenzial** im Unterricht sinnvoll erweitern und auch den Schülern einen völlig anderen Zugriff auf Lerninhalte und vor allem auf persönliche **Lernblockaden** bieten, die häufig einen echten Lernzuwachs fast unmöglich machen. Elemente aus dem Coaching lassen sich für die persönliche Entwicklung einzelner Schüler, aber auch für die **Teambildung** und zur Verbesserung des **Klassenklimas** mit großem Gewinn einsetzen.

Inzwischen sind Coaching-Methoden in der Lehreraus- und -fortbildung ein integraler Bestandteil. Und auch Schülercoaching existiert bereits als Pilotprojekt an einigen Schulen. Das vorliegende Buch möchte dazu einladen, sich innerhalb des eigenen Unterrichts einmal mit der Praxis des Coachings zu beschäftigen. Es lohnt sich, einiges einfach einmal auszuprobieren!

Das Buch bietet Ihnen dabei Unterstützung, indem es eine **Auswahl praxiserprobter Methoden** mit ihren Zielen und Einsatzmöglichkeiten knapp und einfach erklärt und durch Beispiele aus dem Schulalltag, Hinweise und Tipps ergänzt. **Kopierfähige Arbeitsblätter** ermöglichen den direkten Einsatz im Unterricht.

Viel Spaß beim Ausprobieren!

Kerstin Lehmann

* Aus Gründen der besseren Lesbarkeit haben wir in diesem Buch durchgehend die männliche Form verwendet. Natürlich sind damit auch immer Frauen und Mädchen gemeint, also Lehrerinnen, Schülerinnen etc.

VORWORT

Zum Aufbau des Buches

Im Folgenden werden zunächst einige grundlegende Gedanken zum Potenzial, zu den **Einsatzmöglichkeiten** und zu den Voraussetzungen von **Coaching-Methoden im Unterricht** dargelegt. Im Anschluss daran werden verschiedene **Methoden und Übungen zu fünf unterschiedlichen Bereichen** strukturiert vorgestellt.

Jede **Beschreibung** enthält dabei Angaben zu den Zielen, zu möglichen Anlässen in der unterrichtlichen Praxis, zum Ablauf und zu Varianten und didaktischen Überlegungen. Beispiele aus der Praxis veranschaulichen das vorgestellte Coaching-Werkzeug.

Die gegebenenfalls erforderlichen **Materialien**, die dazu dienen, Prozesse zu veranschaulichen und für die Schüler erleb- und fühlbar zu machen, sind in der Regel preiswert zu erhalten bzw. herzustellen. Die Kraft der Veranschaulichung sollte man nicht unterschätzen: Oft macht erst die **Visualisierung** den Prozess zu einem emotionalen Erleben und dient auf diese Weise der Nachhaltigkeit des Erfolges.

Sofern sich dies für die Umsetzung anbietet, folgen der Methodenbeschreibung jeweils ein oder mehrere **Arbeitsblätter**, die **als Kopiervorlagen sofort einsetzbar sind**. Die Altersangaben darauf sind Hinweise zur Orientierung. Oft kann ein Arbeitsblatt auch bei jüngeren oder älteren Schülern als angegeben eingesetzt werden. Diese Entscheidung bleibt dem Coach überlassen, der die Tools gegebenenfalls der Lerngruppe entsprechend sprachlich anpassen kann.

Die Methoden sind nachfolgend in **Kapitel** zusammengefasst, die **übergeordnete Ziele** benennen (z. B. Ziele klären und erreichen, Potenziale erkennen und stärken). Diese Gruppierung soll eine erste Orientierung bieten. Viele Methoden sind jedoch vielfältig einsetzbar und auch während des Coaching-Prozesses miteinander kombinierbar. Hierzu finden sich Hinweise in den Beschreibungen der jeweiligen Tools.

Literaturtipps

Weiterführende Hinweise und ausführliche Beschreibungen zu verschiedenen Coaching-Methoden, die im vorliegenden Buch vorgestellt werden, finden sich – in allgemeiner, nicht auf die Schule bezogener Hinsicht – in den folgenden Werken:

Gerhard Etzel:
Mord im Seminar.
Mitspielkrimis im Team- und Kommunikationstraining.
Bonn: managerSeminare Verlags GmbH 2011.

Björn Migge:
Handbuch Coaching und Beratung.
3. Aufl., Weinheim und Basel: Beltz Verlag 2014.

Karl Nielsen/Nandana Nielsen:
NLP: Die Karten zur NLP-Ausbildung.
Berlin: Heragon Verlag 2011.

Martina Schmidt-Tanger/Thies Stahl:
Change Talk. Coaching lernen!
Paderborn: Junfermannsche Verlagsbuchhandlung 2005.

Der Ansatz des Schülercoachings nach dem „Mündener Modell", das z. B. dem 2011/2012 gestarteten Pilotprojekt an berufsbildenden Schulen in Göttingen zugrunde liegt, wird in dem folgenden Titel vorgestellt:

Andrea Laake:
Schülercoaching in der Schulpraxis.
Individuell fördern und begleiten nach dem Mündener Modell.
Berlin: Cornelsen Verlag 2012.

Coaching in der Schule

Zum Einsatz von Coaching in Schule und Unterricht

Unter dem Begriff Coaching (engl. to coach, „trainieren, betreuen") versteht man verschiedene Konzepte der **methodenübergreifenden Beratung**. Coaching ist heutzutage eine eingeführte und weit verbreitete Praxis. Während es bei Führungskräften und Managern schon seit Längerem zum Standard gehört, sich fundiert beraten zu lassen, um berufliche (persönliche oder unternehmerische) **Ziele** zu **entwickeln** und umzusetzen, findet das Angebot immer stärker auch Eingang in andere Bereiche der Gesellschaft. In beruflichen oder persönlichen Entscheidungssituationen und zur **Klärung der eigenen Wünsche und Ressourcen** entscheiden sich viele Menschen dafür, die Beratung von Coaches in Anspruch zu nehmen. Die angewandten Methoden fußen dabei auf Erkenntnisse verschiedener wissenschaftlicher Disziplinen. Diese stehen jedoch nicht im Vordergrund, entscheidend beim Coaching ist stets die **Ziel- und Lösungsorientierung**.

Auch in der Schule trifft man zunehmend auf die Praxis des Coachings, bislang allerdings vornehmlich im Bereich der Kollegien, etwa mit dem Ziel der Teambildung bzw. der individuellen Beratung von Lehrkräften und Schulleitern. Im Zusammenhang mit Unterricht von Coaching zu sprechen, ist in der Schule in weiten Teilen noch ungewöhnlich, u.a. auch, da bislang gut aufbereitetes Arbeitsmaterial für den schulischen Alltag fehlt.

Das vorliegende Buch möchte helfen, diese Lücke zu schließen. Methodenübergreifend bedeutet in diesem Fall, dass auf den folgenden Seiten nicht eine „Schule" vorgestellt, sondern ein **„Methodenkoffer"** mit unterschiedlichen Werkzeugen („Tools") präsentiert wird, aus dem die Lehrkraft dann je nach Lerngruppe und Lernziel auswählen kann.

Viele der Werkzeuge, die im Coaching verwendet werden, eignen sich meiner Meinung nach durchaus, um einzelne Schüler, Gruppen und auch Klassen dabei zu unterstützen, ihre Ziele und Fähigkeiten besser zu erkennen und einzusetzen und somit ihre Zufriedenheit und auch ihre schulischen Leistungen zu steigern. Richtig eingesetzt können Coaching-Methoden sowohl für die Klassengemeinschaft als auch in fachlicher Hinsicht ihren Teil zu einer positiven Entwicklung beitragen. Der Bereich **Soziales Lernen** spielt im Unterricht in Zeiten von Inklusion, aber auch in Zeiten, in denen sich der Fokus hin zum Erwerb von Kompetenzen und weg vom reinen Lernen und Rekapitulieren von Faktenwissen bewegt, eine immer größere Rolle. Hier können Coaching-Methoden hilfreich sein, z. B. bei:

- Lernstörungen und Lernblockaden,
- Konzentrationsstörungen,
- Konflikten in der Schule,
- persönlichen Problemen,
- Mobbing und Ausgrenzung.

Sie erweisen sich zudem als hilfreich für die **Diagnostik**, für das Erkennen der eigenen Stärken und Schwächen und für den Übergang von der Schule zur Ausbildung.

Je nach angestrebtem Ziel und eingesetzter Methode kann das Coaching von Schülern in **Einzelgesprächen** oder in **Gruppenarbeit** erfolgen. Die Gespräche und Übungen können je nach Bedarf in die laufende Unterrichtsarbeit integriert oder in separater Zeit und außerhalb des Klassenraums durchgeführt werden. Zu beachten ist in jedem Fall Folgendes:

1. Das Coaching stellt eine **Hilfe zur Selbsthilfe** des Schülers dar. Es geht daher nicht um eine Instruktion von Fachwissen und auch nicht um eine Vorgabe und Unterweisung in einer bestimmten Lernstrategie. Die Methoden und das aktive Zuhören seitens der Lehrkraft dienen vielmehr dazu, dass der Schüler selbst seine Handlungsoptionen reflektiert und zu einer Lösung kommt.

2. Hieraus ergibt sich, dass die im Rahmen des Coachings praktizierten Gespräche und Übungen in einem **bewertungsfreien Raum** erfolgen. Das Ergebnis wird seitens der Lehrkraft nicht bewertet, da ansonsten die Beziehung zwischen Coach und Coachee asymmetrisch würde, was nicht zielführend ist.

3. Der Coach/Lehrer hat stets die Ziele des Coachees/Schülers im Blick zu behalten, wenn er Prozesse für dessen Entwicklung initiiert. Manipulationen, auch unbewusste, sind unbedingt zu vermeiden.

4. Coaching kann keine Therapie ersetzen, die bei psychischen Problemen angezeigt ist.

Coach und Coachee – die Beziehungsebene

Voraussetzung und Grundlage, um Coaching-Elemente im Unterricht einzusetzen, ist eine gute und stabile **Beziehung** zwischen Coach/Lehrer und Coachee/Schüler. Der Coach muss sich wirklich für jeden Einzelnen seiner Coachees ernsthaft als Person interessieren und dies auch glaubhaft und authentisch zeigen können. Natürlich ist dies ein großer Anspruch für jeden Kollegen, der ja in der Regel mindestens 200 Schüler betreuen und daneben noch zahlreiche administrative Aufgaben bewältigen muss. Coaching ohne Beziehung funktioniert jedoch nicht: Grundlage ist **Empathie** und echtes menschliches Interesse am anderen.

Dazu gehört es auch, sensibel dafür zu sein, auf welchem „Kanal" der andere sendet und empfängt. Dass wir alle auf unterschiedlichen Kanälen senden und empfangen (manche vorwiegend auf dem haptischen Kanal, manche auf der akustischen Ebene, manche eher olfaktorisch und manche vorwiegend optisch) ist inzwischen allgemein bekannt und soll deshalb an dieser Stelle auch nur erwähnt werden. Dass jede Aussage, die jemand tätigt, neben der reinen Sachinformation auch einen Selbstoffenbarungsteil, eine Appellebene und eine Beziehungsebene hat, ist ebenfalls zum Allgemeingut geworden. Bevor man also mit Coaching-Tools arbeitet, gilt es, sich dieser Aspekte bewusst zu sein und „einen Draht" zu seinem Gegenüber zu entwickeln und sich gegebenenfalls auf ihn „einzustimmen".

Oft wird der Einsatz von Coaching-Tools die Beziehungsebene zwischen Coach und Klasse oder Coachee verändern, weil sie eine Intensität des Gesprächs erfordern, die im „normalen" Unterricht zu kurz kommt. Zudem ist es wichtig, dass der Coach sensibel und empathisch auch auf die Reaktionen seines Gegenübers achtet, damit ein echter Austausch möglich wird. Ein angenehmer „Nebeneffekt" der Anwendung der Tools ist nach meiner Erfahrung, dass eventuell vorhandene Disziplinprobleme durch den Aufbau einer veränderten Beziehung zwischen Lehrer und Schüler minimiert werden, weil ein veränderter Umgang miteinander und ein **verbessertes Klima** innerhalb der Klasse geschaffen werden. Im besten Fall begegnen sich Lehrer und Schüler in einer menschlicheren und offeneren Art und Weise, die auch die fachliche Seite des Unterrichtsgeschehens positiv beeinflusst.

Coaching und (Selbst)Reflexion

Eine weitere wichtige Voraussetzung für erfolgreiches Coaching ist aus meiner Erfahrung eine vorangehende intensive **Selbstreflexion** des Coaches/Lehrers. Viele Missverständnisse und Unstimmigkeiten auf der Beziehungsebene zwischen Lehrer und Klasse/Schüler resultieren daraus, dass der Coach/Lehrer seine eigene Wahrnehmung der Welt unreflektiert auf die Erfahrungswelt seiner Schüler überträgt.

Jeder Mensch hat seine eigene Biografie, die seine Sicht der Dinge entscheidend prägt. Eine Frage des gegenseitigen Respekts ist es daher, diese Tatsache zu berücksichtigen und auch gegensätzliche „Wahrheiten" und Wahrnehmungen so zu akzeptieren, wie sie einem begegnen. Dabei gilt es vor allem, die Wahrnehmung des anderen ernst zu nehmen und „stehen zu lassen".

Erfolgreiches Coachen beginnt damit, dass der Coach sein eigenes Denken und Handeln, seine persönlichen Einstellungen und Werte reflektiert und auch seine Erwartungen bewusst wahrnimmt und anschließend kritisch hinterfragt. In der Ausbildung zum Personal Coach wird davon ausgegangen, dass etwa 70 Prozent der Ausbildung der Selbsterfahrung dienen sollte, 30 Prozent dem Einüben der verschiedenen Tools. Hieran wird deutlich, welcher Stellenwert der Selbstreflexion des Coaches beigemessen wird.

Viele Lehrer entstammen einem bildungsbürgerlichen Milieu, das ihre Schüler nicht notwendig teilen. Wird diese Differenz nicht reflektiert, können unterschiedliche soziale Normen und auch sprachliche Barrieren den Aufbau einer tragfähigen Beziehungsebene verhindern. Die Reflexion dieses Umstands bietet dagegen die Chance, die **Schüler dort abzuholen, wo sie stehen**, und eine Beziehung aufzubauen, die Lernen überhaupt erst ermöglicht.

Neben der Selbstreflexion des Coaches kommt der **Reflexion des Beratungsprozesses** und des Beratungsergebnisses ebenfalls eine große Bedeutung zu. Der Verlauf und die Ergebnisse der angewandten Methoden sollten nach Möglichkeit schriftlich festgehalten und Kriterien für die Zielerreichung vereinbart werden. So können ein möglicher Fortschritt und die Umsetzung der Ziele nach gewissen Zeitabständen evaluiert werden. Dies dient dem Schüler/Coachee dazu, sich über seine eigenen Entscheidungen klarzuwerden und sich zu verdeutlichen, in welcher Hinsicht er einen Schritt vorangekommen ist bzw. was sich für ihn persönlich verändert hat. Dem Coach ermöglicht es, die Auswahl der Methoden und den Prozess der Beratung zu überdenken.

Ziele klären + erreichen

Die Walt-Disney-Methode

LEHRERHINWEIS

Ziele/Kompetenzen:	Der Schüler betrachtet eine eigene Idee aus drei verschiedenen Blickwinkeln, prüft die Realisierbarkeit des Vorhabens und konkretisiert sein Ziel. Der Schüler erarbeitet Schritte zur Umsetzung der Idee.
Alter:	ab Klasse 7
Material:	3 Stühle und Rollenkarten, Plakat
Möglicher Einsatz:	Berufswahl, Themenwahl für umfangreiche Projekte (Kunstprojekt, Seminararbeit, Reportage), Wunsch nach Verbesserung der schulischen Leistung

Zur Methode

Der Zeichner, Erfinder und Filmproduzent Walt Disney, bediente sich der Methode der „drei Stühle", um seine Ideen und Visionen zu entwickeln und gleichzeitig auf ihre Realisierbarkeit hin zu prüfen. Disney setzte sich dazu zuerst auf den „Stuhl des Träumers" bzw. Visionärs. In diesem Moment gestattete er sich, unbegrenzt kreativ zu werden und allen Wünschen, Ideen und Zielen für ein Projekt unabhängig von ihrer praktischen Realisierbarkeit freien Lauf zu lassen. Danach nahm Disney auf dem Stuhl des Kritikers Platz. Als schärfster Kritiker seiner eigenen Idee führte Disney nun alle Kritikpunkte, Einwände und Zweifel ins Feld. Schließlich setzte er sich auf einen dritten Stuhl, den des Realisten. Nun führte er die Aussagen des Träumers und des Kritikers zusammen, um zu einer realistischen Lösung zu gelangen und konkrete Maßnahmen und Schritte zur praktischen Umsetzung seines Projektes zu entwickeln.

Ablauf

1. Der Coach kennzeichnet drei Stühle mit den Rollenkarten „Träumer", „Kritiker" und „Realist".
2. Er fordert den Schüler auf, nacheinander auf den Stühlen Platz zu nehmen und in der jeweiligen Rolle über seine Idee bzw. sein selbst gestecktes Ziel zu sprechen. Jeder Perspektive wird dabei derselbe Zeitraum eingeräumt (je nach Alter 5–10 Minuten).
3. Der Coach unterstützt den Denkprozess des Schülers durch passende Fragen, z. B.:
   - **Träumer:** Welches wäre der ideale Zustand? Was möchtest du erreichen? Welche Möglichkeiten verbindest du mit deiner Idee?
   - **Kritiker:** Was sind die Schwachstellen des Vorhabens? Welche Risiken birgt die Idee? Welche Voraussetzungen müssten erfüllt sein?
   - **Realist:** Wie ließe sich die Idee trotz der Schwierigkeiten umsetzen? Welche Maßnahmen müssen getroffen werden? Welche Schritte sind notwendig? Wie kann das Ziel angepasst werden?
4. Der Coach befragt die fiktiv einzelnen Personen bewusst getrennt voneinander, um den Prozess der Reflexion anzuregen und zu begleiten.
5. Der Schüler hält seine Gedanken und Aussagen zu allen drei Rollen nach jeder Befragung auf einem Plakat fest.
6. Mithilfe der Aufzeichnungen des „Realisten" erstellt der Schüler abschließend auf dem Plakat einen Zeitplan, der die einzelnen Schritte festlegt, mit denen das nun realistische Ziel erreicht werden kann.
7. Im Austausch mit dem Coach prüft der Schüler, ob es sich bei seinem konkretisierten Ziel um ein „SMARTes" Ziel handelt (S für spezifisch, M für messbar, A für akzeptiert, R für realistisch und T für terminiert).

Die Walt-Disney-Methode

LEHRERHINWEIS

Ein Beispiel aus der Praxis

Marvin, 17 Jahre, möchte Arzt werden. Momentan ist er dabei, seinen Realschulabschluss nachzuholen.
Ich fordere ihn auf, sich abwechselnd auf den Stuhl des Träumers, des Kritikers und des Realisten zu setzen und seine jeweiligen Gedanken zu formulieren. Anschließend werden seine Aussagen in der jeweiligen Position betrachtet und gewichtet.
Schon bald stellt sich heraus, dass der „Kritiker" einige Bedenken hat, was das erstrebte Ziel angeht. Ohne dass es ihn frustriert oder entmutigt, gewinnt Marvin durch das Aussprechen seiner eigenen inneren Bedenken ein realistischeres Bild von den Schwierigkeiten, die noch zu überwinden sind. Am Ende sagt er von sich aus, dass er sich vorsichtshalber noch nach einem anderen Berufsziel in einem verwandten Arbeitsfeld umsehen will, falls er das Ziel „Arzt" nicht erreichen sollte.

Didaktische Hinweise, Varianten und Tipps

Visionen und Zukunftsideen sind unabdingbar, um im Leben Ziele zu erreichen: Nur wenn man weiß, wohin man möchte, kann man genügend Energie aufbringen, seine Ziele auch tatsächlich zu erreichen, kleine Frustrationen auf dem Weg zu überwinden und letztlich erfolgreich zu sein. Oft äußern Schüler jedoch auf die Frage, was sie etwa in schulischer oder beruflicher Hinsicht erreichen möchten, entweder unrealistische Ziele, wie z. B. als Hauptschüler das Berufsziel „Ich werde Pilot", oder aber unklare Zielsetzungen, wie z. B. „Ich will in der Schule besser werden". Auf der anderen Seite sind häufig frustrierte Aussagen wie „Ich weiß nicht, was ich verbessern kann" oder „Das wird bei mir eh nichts" zu hören.

Um diese Vorstellungen und Ziele zu spezifizieren und zu konkretisieren und um realistische Möglichkeiten zu entwickeln, kann die Walt-Disney-Methode eine gute Hilfestellung bieten:

- Die Erfahrung mit dieser Methode ist, dass der Denkprozess bei den Schülern angeregt, begleitet und so gesteuert wird, dass in der Regel ein lösungsorientiertes Ergebnis erzielt wird.
- Im besten Fall stehen am Ende eigene, erreichbare und realistische Ziele, für die es sich lohnt, sich anzustrengen und auch Hindernisse zu überwinden.
- Der konkrete Zeitplan dient dabei einerseits der Überprüfbarkeit der einzelnen Schritte und andererseits dem visuellen „Vor-Augen-Haben" des eigenen Ziels. Daher sollte dieser Plan nach Möglichkeit selbst gestaltet und gut sichtbar platziert werden.

Die Aufgabe des Coaches ist die regelmäßige Überprüfung der Schritte durch Nachfragen nach einer mit dem Coachee vorher verabredeten Zeit. (Dies erhöht die Verbindlichkeit der Absprachen.)

Bei jüngeren Schülern ist zusätzlich eine kleine materielle (oder auch ideelle) Belohnung bei Erreichung der Teilziele denkbar, um die Motivation aufrechtzuerhalten. Schüler jeden Alters sollten am Ende des Prozesses eine ausführliche Würdigung seitens der Lehrkraft für das Erreichen des persönlichen Ziels erhalten.

Im Klassenverband (z. B. wenn es um das Verbessern des Klassenklimas und der Teambildung geht) kann man die Methode auch mit drei Gruppen durchführen, denen man verschiedene Ecken des Klassenzimmers zuteilt und sie dann die Positionen wechseln lässt. Die Rolle des fragenden Coaches könnte dabei jeweils ein Schüler mit zuvor verabredeten Fragen übernehmen, um den Reflexionsprozess der Gruppe zu begleiten.

Der Schmetterling

LEHRERHINWEIS

Ziele/Kompetenzen:	Der Schüler macht sich mithilfe einer Visualisierung bewusst, wie viel Energie und Zeit er in verschiedene Bereiche seines Lebens investiert. Er entwickelt Etappenziele, um eine Balance der Bereiche herzustellen.
Alter:	ab Klasse 5
Material:	Arbeitsblatt (S. 16 f.), farbige Stifte
Möglicher Einsatz:	Durch Zeitdruck verursachte schulische Probleme, diffuser Druck durch Rollenkonflikte, gesundheitliche Probleme

Zur Methode

Die Methode „Der Schmetterling" ist ein Tool, das die Notwendigkeit der Balance zwischen den einzelnen Bereichen des Lebens verdeutlichen und bewusst machen kann. Der Coachee gestaltet einen Schmetterling mit vier Flügeln, welche für die Lebensbereiche „Schule, Leistung", „Freunde, Familie", „Sport, Gesundheit" und „Selbstverwirklichung, Zeit für mich/Hobbys, Spiritualität" stehen. Die Größe der Flügel orientiert sich dabei jeweils an dem Anteil, den der Lebensbereich im Leben des Coachees einnimmt: Ist ein Flügel sehr viel größer oder kleiner als die anderen, kann der Schmetterling nicht schweben. Wie zahlreiche andere Coaching-Methoden setzt auch der „Schmetterling" darauf, dass ein Bild etwas nur vage Geahntes wie ein Ungleichgewicht oder eine aus konfligierenden Rollenanforderungen resultierende Belastung prägnant vor Augen führen kann. Die Erkenntnisse können anschließend durch das fragende Gespräch vertieft und Handlungsoptionen erkannt und formuliert werden.

Ablauf

1. Der Schüler erhält und bearbeitet den ersten Teil des Arbeitsblatts „Alles im Gleichgewicht? – Lebensbereiche betrachten" (S. 16). Die Bearbeitung erfolgt entweder während des Coachingtermins oder in häuslicher Vorbereitung in Einzelarbeit.
2. Der Coach ermuntert den Schüler, seine Zeichnung zunächst selbst zu erläutern: Er soll dabei auch äußern, ob es ihm leichtfiel, die Größe der Flügel zu bestimmen, und ob es etwas gibt, das ihn an der fertigen Darstellung überrascht hat.
3. Der Coach regt das vertiefte Nachdenken des Schülers über das Ergebnis der Zeichnung durch Fragen an, z. B.:
   - Warum ist der eine Flügel kleiner/größer als die anderen?
   - Was könnte das bedeuten?
   - Welche Bereiche kommen derzeit in deinem Leben möglicherweise zu kurz?
   - Wenn du den Schmetterling betrachtest und an deine Ziele im Leben denkst (Zufriedenheit, Erfolg), müsstest du etwas an der Verteilung der „Flügelanteile" in deinem Leben ändern?
4. Nach der Vertiefung durch die Fragen lotet der Schüler gemeinsam mit dem Coach aus, welche Konsequenzen sich aus dem Ist-Zustand der Anteile für sein Leben ergeben:
   Wie könnte dem Schmetterling mehr Balance verliehen werden, sodass er fliegen kann?
   In welchen kleinen Teilschritten und bei welchem Lebensbereich müsste das geschehen?
   Coach und Schüler halten einen Fünf-Schritte-Plan zur Umsetzung von Etappenzielen inklusive Zeitangaben schriftlich fest. Hierfür kann der zweite Teil des Arbeitsblatts verwendet werden (S. 17).

Der Schmetterling

LEHRERHINWEIS

Ein Beispiel aus der Praxis

Serdan ist bereits mit 16 Jahren stark übergewichtig und leidet unter Bluthochdruck. Wenn er den 3. Stock aufsuchen muss, muss er auf halber Strecke ausruhen. Erst als er seinen Schmetterling zeichnet, stellt sich heraus, dass der Flügel „Sport, Gesundheit" so klein ist, dass er fast nicht zu sehen ist.

In dem anschließenden Gespräch gibt er an, dass er ab jetzt zumindest jeden Tag eine halbe Stunde etwas für seinen Körper tun möchte.
Wir verabreden, uns in zwei Wochen zu treffen, um zu sehen, ob er seinen Vorsatz in die Tat umsetzen konnte.

5. Nach einer verabredeten Zeit wird in einem weiteren Gespräch überprüft, ob sich im Hinblick auf die Lebensbereiche des Schülers mehr Balance eingestellt hat und ob dies seine Unzufriedenheit oder die festgestellten Probleme mildern konnte.

Didaktische Hinweise, Varianten und Tipps

Eine typische Szene aus dem Unterricht am Montag:
Lehrer: „Was habt ihr denn am Wochenende so gemacht?"
Schüler: „Gechillt", „Geschlafen", „Nichts", „Ferngesehen"
...
Kommen Ihnen diese oder ähnliche Äußerungen bekannt vor?
Vielen Schülern ist gar nicht bewusst, dass es im Leben ein Gleichgewicht unterschiedlicher Bereiche geben muss, damit der persönliche „Schmetterling" schweben und fliegen kann. Der künstlerische Aspekt bei der Gestaltung der Lebensbereiche bietet einen Zugang, der für viele Schüler eine neue Möglichkeit darstellt, sich Dysbalancen in ihrem Leben zu vergegenwärtigen. Über die Vorstellung und Gestaltung des Schmetterlings erkennen viele Schüler erstmals, ob ein Ungleichgewicht in ihrem Leben herrscht und ob der Bereich der Freizeit bzw. des „Chillens" einen (zu) großen Teil ihres Lebens bestimmt und sie von der Verwirklichung in anderen Bereichen abhält.

Die Aspekte Selbstverwirklichung/Spiritualität müssen eventuell (je nach Lerngruppe und Jahrgangsstufe) mit den betreffenden Schülern vorab thematisiert und geklärt werden, da der Begriff Spiritualität vielen Schülern fremd ist und eine Selbstreflexion ihres Lebens in dieser Hinsicht von ihnen oftmals noch nicht bewusst vorgenommen wurde.

Bei der Gestaltung der einzelnen Flügel sollen die Schüler auch Farben bewusst einsetzen, um den Schmetterling individuell zu gestalten.

Die Vorstellung des eigenen Schmetterlings und die Vereinbarung der Etappenziele können in vertrauensvollen Teams auch in Partnerarbeit oder in Kleingruppen erfolgen. Hierbei übernimmt ein Schüler dann für einen anderen die Rolle des Coaches.

Ziel der Übung ist ein Zeitplan, der die Schritte hin zu einer besseren Work-Life-Balance enthält. Wichtig dabei sind fest vereinbarte Termine für die einzelnen Teilschritte und auch die Überprüfung derselben in Form einer Nachfrage nach einiger Zeit, um die Verbindlichkeit der Vereinbarung zu erhöhen. Ein solcher Zeitplan könnte wie folgt aussehen: Wie sieht mein Schmetterling nach einer Woche/nach zwei Wochen/nach vier Wochen/nach zwei Monaten aus? Sollte der Zeitplan vom Schüler als „Hausaufgabe" erstellt werden, muss diese mit dem Coach auf jeden Fall im Nachhinein besprochen werden, um die Nachhaltigkeit zu gewährleisten.

Alles im Gleichgewicht? – Lebensbereiche betrachten (1/2)

ARBEITSBLATT/KOPIERVORLAGE

1. **Stelle dir mit geschlossenen Augen einen großen Schmetterling mit vier Flügeln vor. Die vier Flügel stehen für diese Bereiche in deinem Leben:**

   - Schule, Leistung
   - Freunde, Familie
   - Sport, Gesundheit
   - Selbstverwirklichung, Zeit für mich selbst/Hobbys, Spiritualität

   Überlege genau, wie groß jeder Flügel sein muss, um auszudrücken, wie groß der Anteil des jeweiligen Bereiches in deinem Leben ist. Denke dazu z. B. an deinen Tagesablauf oder an deine Beschäftigungen während der letzten Woche. Berücksichtige die Zeit *und* die Energie, die du für die Lebensbereiche aufwendest.

2. **Zeichne deinen Schmetterling unten auf, indem du die Skizze vervollständigst. Arbeite zunächst mit Bleistift. Wenn du dir sicher bist, dass die Größe der Flügel für dich stimmt, gestalte die Zeichnung aus. Verwende für die vier Flügel unterschiedliche Farben und füge als Beschriftung hinzu, um welchen Lebensbereich es sich jeweils handelt.**

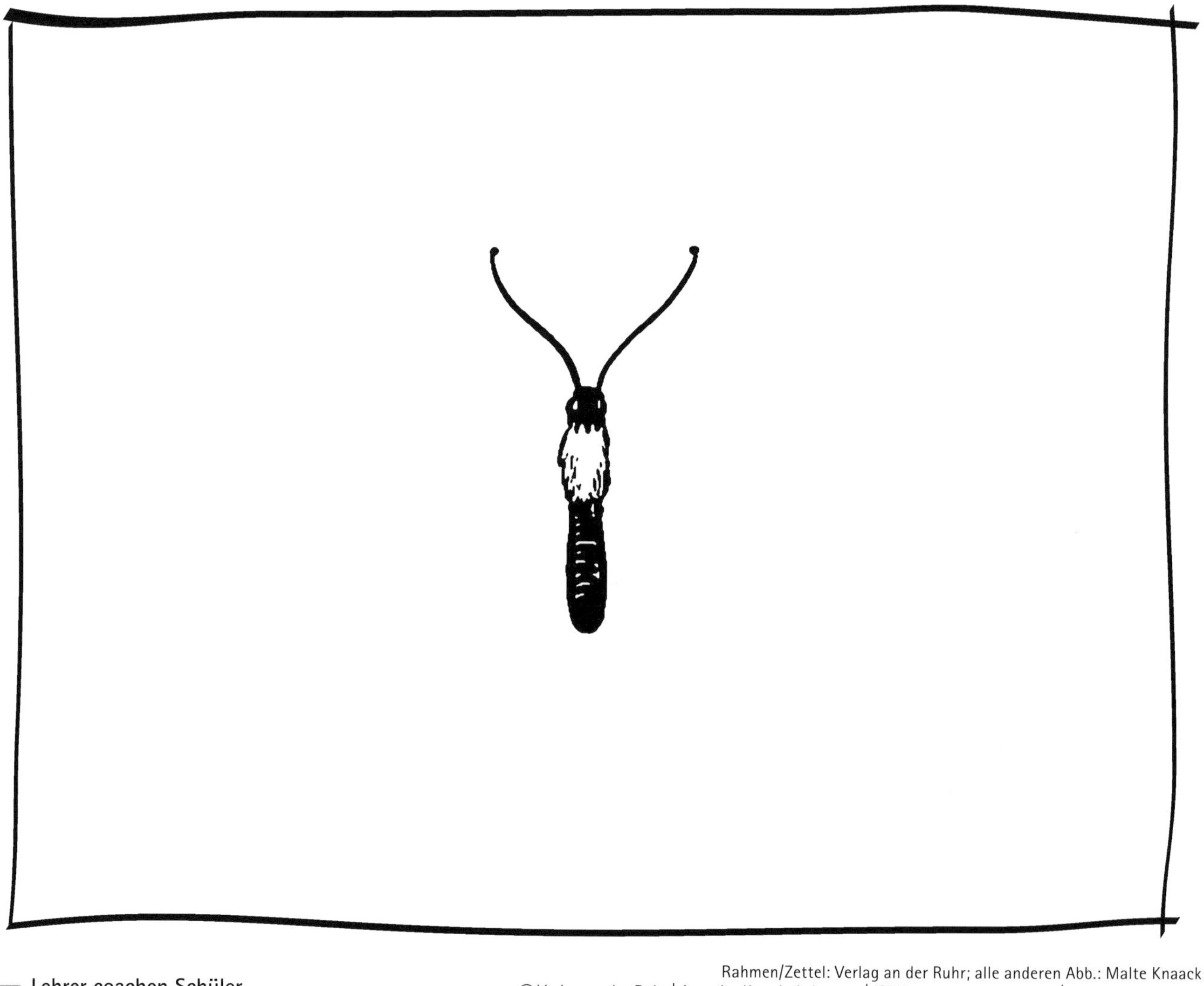

Alles im Gleichgewicht? – Lebensbereiche betrachten (2/2)

ARBEITSBLATT/KOPIERVORLAGE

3. Was möchtest du unternehmen, um zwischen den Bereichen „Schule, Leistung", „Freunde, Familie", „Sport, Gesundheit" und „Selbstverwirklichung, Zeit für mich/ Hobbys, Spiritualität" ein besseres Gleichgewicht herzustellen? Überlege dir fünf Teilziele und notiere sie in dem Kasten.

Mein Fünf-Schritte-Plan zu mehr Balance:

1. Schritt: ....

2. Schritt: ....

3. Schritt: ....

4. Schritt: ....

5. Schritt: ....

4. In welchem Zeitraum möchtest du die Teilziele erreichen? Überlege dir realistische Termine und schreibe sie unten auf.

Mein Zeitplan:

1. Schritt erledigt bis ....

2. Schritt erledigt bis ....

3. Schritt erledigt bis ....

4. Schritt erledigt bis ....

5. Schritt erledigt bis ....

Rahmen/Zettel: Verlag an der Ruhr

Der Energiekuchen

LEHRERHINWEIS

Ziele/Kompetenzen:	Der Schüler führt über eine grafische Darstellung eine Bestandsaufnahme seines Zeit- und Energiemanagements durch. Er erkennt Ressourcen und Möglichkeiten der Optimierung und trifft Maßnahmen, um sein Ziel zu erreichen.
Alter:	ab Klasse 9
Material:	Arbeitsblatt (S. 20 f.), farbige Stifte
Möglicher Einsatz:	Probleme bei der Zeiteinteilung, z. B. beim Lernen für eine Prüfung oder der Vorbereitung eines Vortrags, Gefühl der Überforderung durch vielfältige Erwartungen, Angst, Abgeschlagenheit

Zur Methode

Ähnlich wie die Methode „Der Schmetterling" dient dieses Tool dazu, mithilfe einer bildlichen Darstellung zu verdeutlichen, in welchen Anteilen sich die eigenen – endlichen – Ressourcen an Zeit und Energie im Alltag auf verschiedene Tätigkeiten und Lebensbereiche verteilen. Der Schüler macht sich diese Verteilung für sich selbst bewusst und trägt sie in einem Tortendiagramm ein. Dadurch gelingt es ihm, potenzielle „Energieräuber" zu erkennen. Er fertigt einen zweiten, den erwünschten „Energiekuchen" an und plant dabei ein konkretes Ziel oder Vorhaben ein, für das ihm nach eigener Aussage bislang die Zeit gefehlt hat. Im Unterschied zur „Schmetterling"-Methode werden bei der Methode „Energiekuchen" die Bereiche, die Zeit und Energie benötigen, nicht vorgegeben. Diese Übung verlangt von dem Coachee daher zunächst eine ehrliche Reflexion darüber, welche Aufgaben und Tätigkeiten täglich von ihm verlangt werden und womit er seine Zeit verbringt. Während der „Schmetterling" mit der zeichnerischen Umsetzung ggf. eher Mädchen anspricht bzw. für jüngere Schüler geeignet ist, bietet sich die „wissenschaftliche" Darstellung des „Energiekuchens" möglicherweise auch für Jungen an, die „weicheren" Methoden ablehnend gegenüberstehen.

Ablauf

1. Der Coach initiiert zunächst den Reflexionsprozess des Schülers, indem er ihn auffordert, die einzelnen Bereiche, Aufgaben und Tätigkeiten zu benennen, die sein Leben bestimmen, z. B. Unterricht/Lernen, Job, Freizeit, Sport, Freunde, im Haushalt helfen, Fernsehen/Internet, Ausruhen/Schlafen.
2. Der Schüler bearbeitet Aufgabe 1 des Arbeitsblatts „Zeit- und Energiemanagement – Diagramme erstellen" (S. 20): Er ermittelt die Verteilung seiner Zeit- und Energiereserven und trägt diese in die Grafik ein. Das Ausfüllen des Diagramms erfolgt sinnvollerweise im Austausch und im Gespräch mit dem Coach, kann aber auch als Hausaufgabe gestellt werden.
3. Der Schüler ermittelt im Gespräch mit dem Coach, welche Tätigkeiten ihn in besonderer Weise Energie und Zeit kosten. Er stellt fest, für welche konkrete Aufgabe ihm bei der jetzigen Verteilung zu wenig Zeit bleibt, und entlarvt potenzielle „Energieräuber".
4. Mithilfe der Aufgabe 2 des Arbeitsblatts (S. 21) stellt der Coachee grafisch die Weichen für ein besseres Zeit- und Energiemanagement, indem er dem Ziel einen ausreichend großen Platz im Kuchen einräumt.

Der Energiekuchen

LEHRERHINWEIS

Ein Beispiel aus der Praxis

Gespräch in einer Klasse 9 am Montagmorgen, zwei Tage vor einer Mathematikarbeit. Die Klasse ist nach eigener Einschätzung in dem Fach sehr schlecht. Der Fachkollege bestätigt diese Einschätzung. Ich hatte daher als Co-Klassenlehrerin angeregt, Lernpartnerschaften am Wochenende zu bilden. Der beste „Mathematiker" der Klasse hatte dabei seine Mitarbeit zugesagt.
Auf Nachfrage des Klassenlehrers stellt sich jedoch heraus, dass nur ein einziger Schüler das Angebot zur Nachhilfe genutzt hat.
Die Begründungen der Schüler lauten: „Ich hatte keine Zeit, war am Freitag in der Disco und danach tot", „Ich musste meiner Mutter im Haushalt helfen", „Ich habe mit meinem Vater einen Ausflug gemacht", „Ich war beim Fußball".
Der Lehrer regt daraufhin an, dass jeder einmal für sich, mithilfe des Arbeitsblattes, überlegt, wie viel Energie er wofür verwendet. Anschließend wird dann gemeinsam überlegt, wie die Lernpartnerschaften in den Zeit- und Energiekuchen eingebaut werden können und wie groß (realistisch) der Anteil überhaupt sein kann.
Am Ende entsteht ein konkreter „Kuchenanteil" für die geplante Mathe-Übungseinheit, zunächst bis zur nächsten Klassenarbeit terminiert und begrenzt.

5. Der Schüler legt schriftlich fest, mit welchen Schritten er die Veränderung der Verteilung in die Tat umsetzen möchte (Aufgabe 3, S. 21).
6. Nach einem vereinbarten Zeitraum reflektieren Coach und Schüler, inwiefern eine Verbesserung erreicht wurde.

Didaktische Hinweise, Varianten und Tipps

Bei der Menge der Aufgaben, die manche Schüler bewältigen müssen, gewinnt die Kompetenz, die eigene Zeit und Energie sinnvoll aufzuteilen, immer mehr an Bedeutung. Die große Medienvielfalt und die Vielzahl möglicher Freizeitaktivitäten führen zudem schnell zu einer Orientierungslosigkeit und Überforderung des Einzelnen.
Vor allem „problematische" Schüler erhalten oftmals zu Hause wenig Hilfestellung in der Hierarchisierung ihrer persönlichen Aufgaben und wenden sich daher instinktiv der leichtesten oder interessantesten Aufgabe zu, investieren dort vielleicht sogar viel Zeit und Energie, die ihnen dann an anderer Stelle fehlt. Die darauf unausweichlich folgende Frustration führt dann manchmal sogar zur völligen Aufgabe. Schule hat u. a. auch hier den Auftrag, einen Prozess der Reflexion anzustoßen und zu begleiten. Voraussetzung für ein gelungenes Zeit-und Energiemanagement ist zunächst das bewusste Umgehen mit den eigenen Reserven. Zum Aufspüren sogenannter Energie- und Zeitfresser kann dieses Tool genutzt werden.

Voraussetzung für die effektive Anwendung der Methode ist die Ehrlichkeit des Coachees und daher eine vertrauensvolle Beziehung zum Coach. Sollte die Beziehung Coach/Coachee noch nicht ganz so vertrauensvoll sein, kann man das Ausfüllen des Zeit- und Energiekuchens zunächst als Selbstreflexionsaufgabe stellen und anschließend lösungsorientiert an den dadurch aufgespürten möglichen Reserven weiter arbeiten, indem man dann einen konkreten neuen Energiekuchen entwirft und festlegt, in welchen Schritten und zeitlichen Etappen dieser erreicht werden soll.

Für den Zeitplan zur Erreichung des Ziels kann Teil 2 des Arbeitsblatts „Alles im Gleichgewicht? – Lebensbereiche betrachten" (S. 17) eingesetzt werden. In jedem Fall empfiehlt es sich, „SMARTe" Ziele (vgl. S. 12 unten rechts), d. h. konkrete kleine Schritte zur Veränderung zu vereinbaren.

Zeit- und Energiemanagement – Diagramme erstellen (1/2)

ARBEITSBLATT/KOPIERVORLAGE

1. **Überlege einmal sorgfältig, wie viel Zeit und Energie du in verschiedene Aufgaben und Tätigkeiten investierst.**

   a) Erstelle dazu zunächst eine Liste mit den unterschiedlichen Feldern, z. B.: Neben-Arbeit/Job, Unterricht/Lernen, im Haushalt helfen ...

   ....

   ....

   ....

   ....

   ....

   ....

   b) Zeichne dann die entsprechenden Anteile in den „Energiekuchen" mit unterschiedlichen Farben ein.

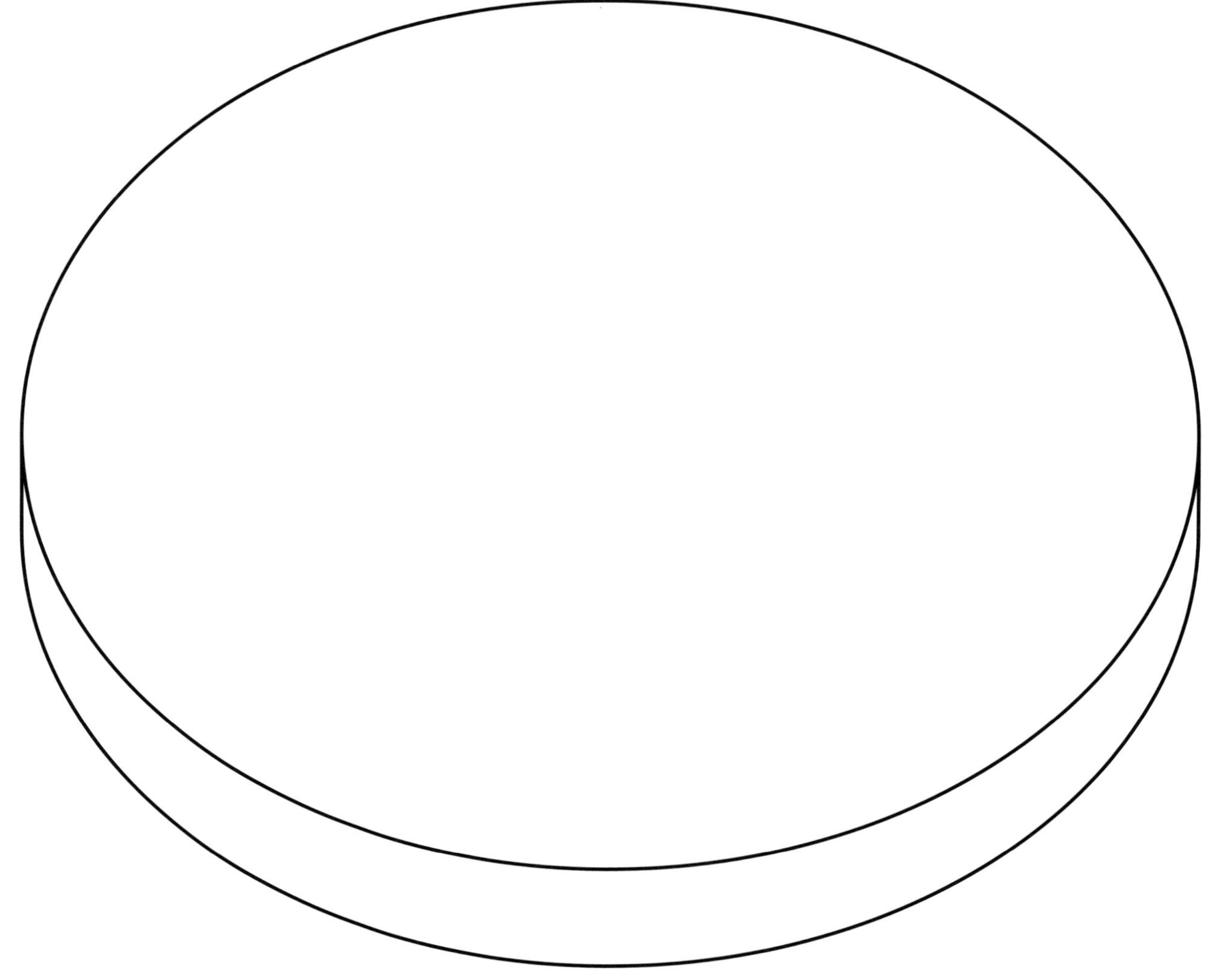

Zeit- und Energiemanagement – Diagramme erstellen (2/2)

ARBEITSBLATT/KOPIERVORLAGE

2. Überlege mit Blick auf dein konkretes Ziel, wie du die Anteile in Zukunft optimieren möchtest. Bedenke dabei die folgenden Fragen:
   - Worauf muss ich verzichten, um mein Ziel zu erreichen?
   - Zu was und zu wem muss ich eventuell einmal „Nein" sagen, damit ich mein Ziel erreichen kann?
   - Womit verliere ich ehrlicherweise oft Zeit und verbrauche unnötige Energie?

   Zeichne die veränderten Anteile in den zweiten Energiekuchen ein.

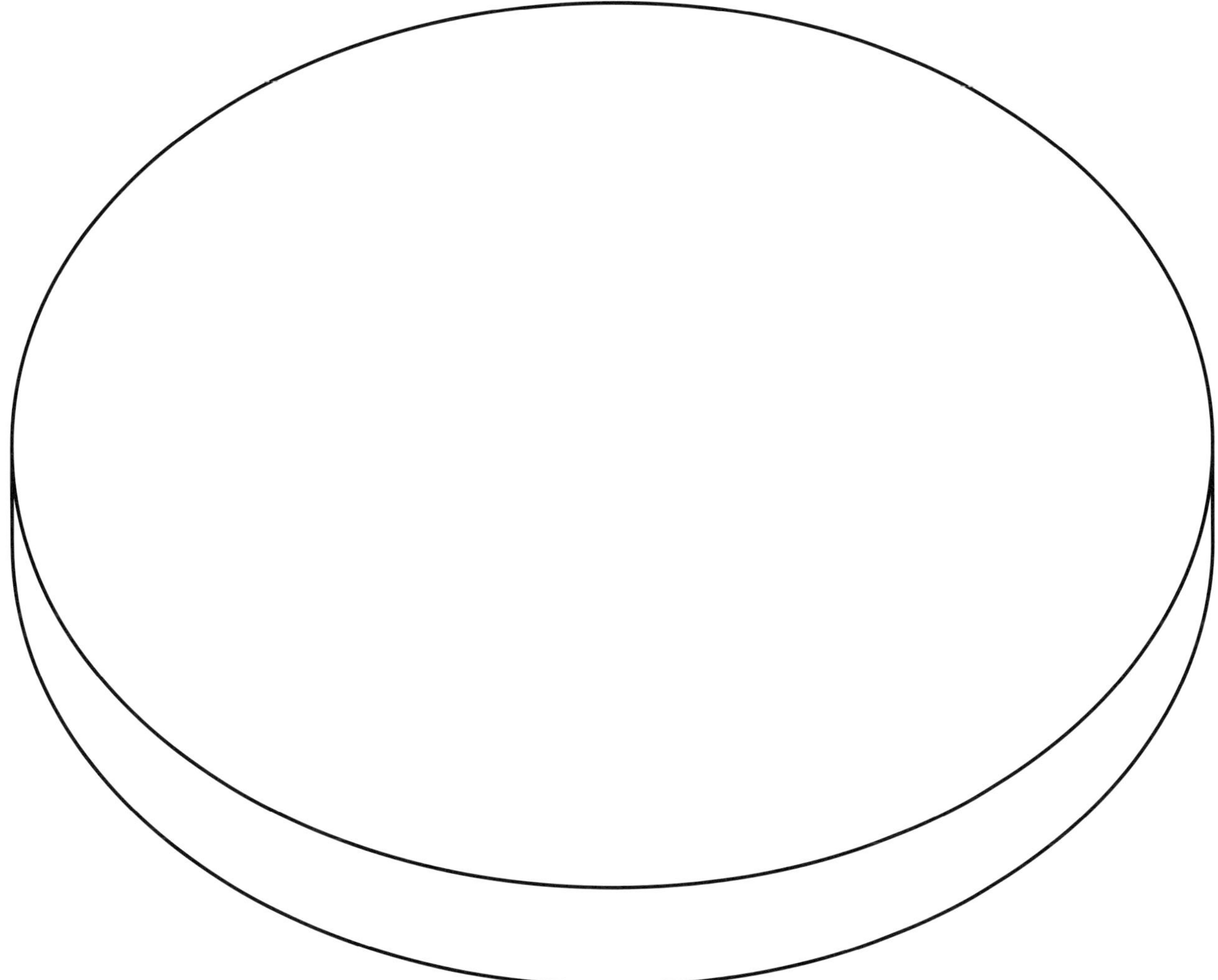

3. Vergleiche beide Kuchen miteinander: Was muss bis wann passieren, damit der zweite Energiekuchen Realität werden kann? Erstelle einen Plan zur Umsetzung.

....

....

....

....

....

Das Raumschiff Futur

LEHRERHINWEIS

Ziele/Kompetenzen:	Der Schüler ermittelt mithilfe eines Gedankenexperiments seine persönlichen Ziele. Er reflektiert seine Wahl und begründet seine Prioritäten.
Alter:	ab Klasse 8
Material:	Arbeitsblatt (S. 24–26)
Möglicher Einsatz:	Persönliche Zielfindung, Gruppenfindungsphase, Analyse von Wünschen und Problemen

Zur Methode

Die Methode „Das Raumschiff Futur" soll auf spielerische Weise dazu dienen, die eigenen Prioritäten im Leben näher zu bestimmen: Dem Coachee werden in einem Gedankenexperiment zwölf verschiedene Wissenschaftler und Experten vorgestellt, die auf einem Raumschiff in einer fernen Zukunft forschen. Jeder Experte verfügt über eine bestimmte Gabe, die dem Coachee für sein weiteres Leben von großem Nutzen sein kann, und ist bereit, ihm diese auf der Erde als Geschenk zu Verfügung zu stellen und ihm damit zu helfen. Der Schüler darf jedoch nur drei der Angebote auswählen. Er ermittelt auf diese Weise, welche Dinge in seinem Leben intuitiv eine besondere Bedeutung haben. Er setzt sich mit seinen Entscheidungen auseinander und konkretisiert darüber seine Ziele und persönlichen Vorstellungen von einem gelungenen Leben.

Ablauf

1. Der Schüler erhält das Arbeitsblatt „Das Raumschiff Futur – Entscheidungen begründen" (S. 24–26) und bearbeitet beide Aufgaben zunächst für sich allein (20–30 Minuten).
   Wenn die Methode nicht im Einzel-Coaching, sondern im Klassenverband eingesetzt wird, sollen die Schüler in dieser Phase ebenfalls still für sich arbeiten und sich noch nicht über ihre Entscheidungen austauschen.
2. Wenn der Schüler seine Rangliste der Expertengeschenke erstellt und die Begründungen für seine Entscheidungen notiert hat, fordert der Coach ihn im Gespräch zu einer vertieften Reflexion auf. Mögliche Fragen:
   - Warum sind dir die von dir gewählten Wissenschaftler besonders wichtig?
   - Welche Konsequenzen für dein Leben hätte es, wenn du über die ausgewählten Gaben verfügst?
   - Was sagt deine Auswahl darüber aus, welche Ziele du im Leben verfolgst?

   Im Klassenverband können sich die Schüler in kleineren oder größeren Gruppen ihre Auswahl vorstellen und die Entscheidungen diskutieren. Diese Diskussion sollte von der Lehrkraft oder von einzelnen Gruppenmitgliedern als Coach moderiert werden. Der Coach hat die Aufgabe, eventuelle persönliche Beurteilungen oder mögliche Herabsetzungen auszuschließen und durch gezieltes Nachfragen die Motivation jedes Einzelnen zur Geltung zu bringen.
3. Nach dem Gespräch bzw. der Diskussion erhält der Schüler/erhalten die Schüler Gelegenheit, seine/ihre Auswahl noch einmal zu überdenken. Änderungen und Abweichungen von der zuerst getroffenen Entscheidung können auf dem Arbeitsblatt notiert werden.

Das Raumschiff Futur

LEHRERHINWEIS

Ein Beispiel aus der Praxis

Die Klasse FV 1 habe ich erst zu Beginn des Semesters übernommen und sie befindet sich nun am Beginn der Gruppenbildungsphase. Als Coach und Klassenlehrer setze ich das Tool „Das Raumschiff Futur" zur Zielfindung ein.
Ich teile die Arbeitsblätter mit den Crew-Mitgliedern aus, und erkläre, dass sich alle für diejenigen Wissenschaftler entscheiden sollen, die ihnen am nützlichsten für ihr weiteres Leben erscheinen.
Schon während des Lesens entstehen die ersten leisen Diskussionen. Nach 25 Minuten haben sich alle Schüler für ihre persönlichen Favoriten entschieden.
Bei der anschließenden Vorstellung der Ergebnisse und der folgenden Diskussion geht es relativ „hoch" her: Die Schüler diskutieren sehr engagiert über ihre jeweilige Auswahl.
Als Hausaufgabe erteile ich als Klassenlehrer/Coach die Aufgabe, das Arbeitsblatt noch einmal in Ruhe zu bearbeiten und dieses Mal auch die „unwichtigen" Crew-Mitglieder zu berücksichtigen. Diese erneute Reflexion der eigenen Prioritäten soll den gedanklichen Prozess vertiefen und verfestigen.
In der nächsten Unterrichtsstunde sollen dann die Ziele näher spezifiziert und terminiert werden.

Didaktische Hinweise, Varianten und Tipps

Dieses Tool kann sowohl in einer Gruppenfindungsphase als auch zur spezifischen persönlichen Zielfindung eingesetzt werden.

Die lustigen „sprechenden" Namen der Besatzung des Raumschiffs wirken dabei in der Regel sehr motivierend. Es hat sich gezeigt, dass dieses Tool den Schülern häufig sehr viel Spaß macht.

Die Beschäftigung mit der Frage, was man im Leben wichtig und unwichtig findet, erfolgt hier auf spielerische Art und Weise und ist doch von zentraler Bedeutung für den weiteren Lebensweg. Viele Schüler reflektieren ihre persönlichen Wünsche und Ziele auf diese Weise zum ersten Mal und der Denkprozess, der so in Gang gesetzt wird, „hallt" bei ihnen oft lange nach.

Bei der Diskussion im Klassenverband lernen sie sich zudem auf andere Weise gegenseitig kennen und treten in einen konstruktiven Austausch ein.

Darüber hinaus bietet das Tool auch die zusätzliche fachliche Option, die eigene Meinung zu begründen und zur Diskussion zu stellen, eine wichtige Voraussetzung zur geführten Argumentation.

Besonders kreativen Lerngruppen kann man zusätzlich folgende Aufgabe stellen: Erfindet weitere nützliche Wissenschaftler bzw. Fähigkeiten und ergänzt Sie auf dem Arbeitsblatt.

Das Raumschiff Futur – Entscheidungen begründen (1/3)

ARBEITSBLATT/KOPIERVORLAGE

Stelle dir vor: Wissenschaftler und Experten des Raumschiffs Futur wollen den Bewohnern der Erde helfen: Sie reisen aus der Zukunft zurück in unsere Zeit und stellen den Menschen ihre außergewöhnlichen Fähigkeiten zur Verfügung, um deren Probleme zu lösen. Zwölf Wissenschaftler machen sich auf den Weg, jeder von ihnen hat eine besondere Entdeckung oder Erfindung gemacht, die den Menschen helfen kann. Leider darf jeder Mensch aber nur drei Wissenschaftler auswählen, die ihm bei seinen Problemen helfen.

1. **Lies dir die Beschreibungen auf dieser und der nächsten Seite des Arbeitsblatts (S. 24 f.) durch, aus denen hervorgeht, über welche Fähigkeiten die Wissenschaftler jeweils verfügen.**
2. **Entscheide, welche Fähigkeiten der Wissenschaftler du für dich persönlich wichtig und welche du eher unwichtig findest. Erstelle eine Rangfolge und halte deine Entscheidung fest, indem du Zahlen von 1 (besonders wichtig) bis 12 (sehr unwichtig) neben den Namen der Experten notierst.**
3. **Welches sind deine Favoriten (Platz 1 bis 3)? Wen hast du ganz hinten platziert (Plätze 10 bis 12)? Schreibe die Namen auf (Teil 3 des Arbeitsblatts, S. 26) und begründe deine Entscheidungen jeweils mit einem Satz.**

Eleonore Fu Tur

Frau Fu Tur kann dir zeigen, wie man in die Zukunft sieht. Du kannst danach Ereignisse, die in der Zukunft passieren werden, sehen und auch beeinflussen.

Jaqueline de Jolie

Jaqueline de Jolie ist eine berühmte Schönheitschirurgin: Sie verhilft dir zum perfekten Körper, ohne dass du Schmerzen empfindest.

Albert E. Instein

Albert kann dir zu einem überragenden IQ von mindestens 250 verhelfen. Du wirst intelligenter sein als jeder andere Mensch auf der Erde.

Wik I. Pedia

Wik kann dir das gesamte Wissen der Welt schmerzlos ins Gehirn pflanzen, von da an weißt du einfach alles.

Dr. A. Beit

Dr. Beit findet deinen Traumjob für dich und hilft dir auch, ihn zu bekommen: Er ist der Berufs-Coach im Team!

Das Raumschiff Futur – Entscheidungen begründen (2/3)

ARBEITSBLATT/KOPIERVORLAGE

Dag O. Bert Dollar
Dag kennt alle Finanztricks, er kann dich unermesslich reich und wohlhabend machen.

Prof. Fa Mous
Fa kann dich berühmt und beliebt machen: Alle werden dich bewundern und sympathisch finden, du wirst viele Fans haben.

Dr. Dr. G. von Fitt
Von Fitt kennt das Geheimnis eines langen, gesunden Lebens: Du kannst mit seiner Hilfe über 200 Jahre alt werden und das bei voller Gesundheit und Lebenskraft.

M. Pathie
Frau Pathie verleiht dir die Gabe, die Gefühle und Emotionen anderer zu spüren. Du kannst dich danach in alle anderen Menschen hineinversetzen und sie verstehen.

Jan van Fa & Mily
Jan löst für dich eventuelle Probleme im familiären Bereich: Er besitzt die Fähigkeit, diese Probleme langfristig und nachhaltig zu beseitigen, und ermöglicht dir ein sorgenfreies Familienleben.

Fry. A. Endes
Fry kann dir einen großen Freundes- und Bekanntenkreis verschaffen. Du wirst viele Menschen um dich haben und niemals einsam sein.

Jessica Van Trauen
Jessica kann dir zeigen, wie du mehr Mut und Selbstvertrauen entwickeln kannst. Als Personal Coach kann sie dir auch zeigen, wie du deine Talente und Möglichkeiten optimal nutzen kannst.

Das Raumschiff Futur – Entscheidungen begründen (3/3)

ARBEITSBLATT/KOPIERVORLAGE

Das sind meine Favoriten:

Mein Platz 1: ....

Begründung: Diesen Experten wähle ich, weil ....

....

Platz 2: ....

Begründung: ....

....

Platz 3: ....

Begründung: ....

....

Diese Wissenschaftler sind für mich nicht so wichtig:

Platz 10: ....

Begründung: Diesen Experten wähle ich, weil ....

....

Platz 11: ....

Begründung: ....

....

Platz 12: ....

Begründung: ....

....

Potenziale erkennen + stärken

Narrative Inseln

LEHRERHINWEIS

Ziele/Kompetenzen:	Der Schüler reflektiert seine Lernbiografie in einem Schulfach, in dem ihm zurzeit das Lernen schwerfällt. Er erinnert sich gezielt an positive Erlebnisse und gelangt darüber zu einer anderen Sichtweise auf seine eigenen Fähigkeiten.
Alter:	ab Klasse 6
Material:	Arbeitsblatt (S. 31), 5–7 kleine, mit buntem Kies oder Sand gefüllte Flaschen (alternativ: Steine oder Kiesel)
Möglicher Einsatz:	Lernblockaden, negative Einstellung gegenüber einem Schulfach, mangelndes Selbstvertrauen

Zur Methode

Die Methode „Narrative Inseln" aus der sogenannten Timeline-Arbeit kann verborgene Ressourcen bei Schülern sichtbar und vor allem emotional erfahrbar machen. Ziel ist es, die Erinnerung an positive Erlebnisse und Erfolge in einem aktuell negativ besetzten Bereich, z. B. einem „Problemfach", zu aktivieren und auf einem Zeitstrahl (Timeline) darzustellen. Es handelt sich dabei um Erlebnisse aus der Vergangenheit, die den Schülern häufig nicht mehr bewusst sind, da inzwischen die negativen Erfahrungen überwiegen und die positiven überlagern.

Dieses Tool arbeitet mit einer Visualisierung der positiven Erlebnisse: Der Coach fordert den Schüler auf, sich auf eine Zeitreise durch die eigene Biografie zu begeben. Angefangen in der Kindergartenzeit oder in der Grundschule, soll er sich an positive Erlebnisse im Hinblick auf das problematische Fach erinnern. Der Schüler spricht ausführlich über diese Erinnerungen und baut sie dann, symbolisiert durch Gegenstände, buchstäblich vor sich auf. Er hebt sie somit als „Reihe der Erfolge" wieder in den Fokus seines Bewusstseins, was dazu beiträgt, mögliche Blockaden im Gehirn aufzulösen und eine neue Perspektive zu entwickeln.

Ablauf

1. Coachee und Coach klären vorab, in welchem schulischen Bereich/Schulfach sich die negativen Erfahrungen des Schülers gebündelt haben, sodass zurzeit kein Lernfortschritt möglich und erkennbar ist.

2. Der Schüler erhält das Arbeitsblatt „Das war gut! – Erinnern und erzählen" (S. 31) und bearbeitet dieses in häuslicher Vorbereitung auf den Coachingtermin. Er sollte dabei fünf bis sieben Situationen notieren, in denen ihm etwas in Hinsicht auf sein Problemfach gut gelungen ist oder mit denen er angenehme Erfahrungen verbindet.

3. In der eigentlichen Sitzung steht das Erzählen des Schülers von seinen positiven Erlebnissen im Mittelpunkt. Der Coachee nimmt sich jeweils eine der vorbereiteten Flaschen mit buntem Sand und erzählt einen dieser Momente, parallel stellt er die Flasche vor sich auf den Boden und spürt während des Erzählens dem Moment nochmals genau nach. Dabei soll er möglichst ausführlich schildern, wie es sich damals für ihn angefühlt hat, was seine Eltern damals gesagt haben, wie der Lehrer und die Klassenkameraden reagierten.
   Der Coach ermuntert den Schüler, sich diesen Moment noch einmal genau zu vergegenwärtigen,

Narrative Inseln

LEHRERHINWEIS

Ein Beispiel aus der Praxis

„Mathe konnte ich noch nie", „In unserer Familie konnte noch niemand Französisch", „Schon meine Grundschullehrerin hat gesagt, dass ich in Kunst unbegabt bin", „Unmusikalisch war ich schon immer" ... Viele Kollegen kennen solche und ähnliche Sätze aus der unterrichtlichen Praxis. Äußern Schüler sehr negative Selbsteinschätzungen, kann es sich dabei um Verbalisierungen von immanenten Lernblockaden handeln, die einen echten Lernzuwachs häufig unmöglich machen. An diesen Blockaden gilt es anzusetzen, um Lernen in den negativ besetzten Bereichen überhaupt wieder zu ermöglichen. Die Timeline-Arbeit kann hier sinnvoll eingesetzt werden, um einen neuen Anfang zu initiieren.

bevor er den nächsten Moment erzählt und wieder eine Flasche vor sich auf den Boden stellt, so lange, bis alle Flaschen in einer Reihe vor dem Coachee stehen.
Mögliche Fragen für den Coach in dieser Phase sind:

- Wie war die Situation genau?
- Wer war dabei?
- Wie hat der Lehrer reagiert?
- Wie haben die Klassenkameraden reagiert?
- Wie hat sich das für dich angefühlt?
- Wie haben deine Eltern reagiert, als du es ihnen erzählt hat?
- Wie hast du dich gefühlt?

4. Nach der ausführlichen Besprechung der Erlebnisse soll der Coachee sich zu der „Reihe seiner Erfolge" hinwenden und genau beschreiben, was er jetzt fühlt und was er denkt, wenn er auf diese Reihe blickt.
   Der Coach bittet ihn, die folgenden Sätze zu vervollständigen:
   - Wenn ich das jetzt sehe, denke ich ...
   - Ich fühle mich dabei ...
   - Ich habe doch etliche positive Gefühle, weil ...
5. Abschließend soll der Coachee noch einmal seine ursprünglichen Aussagen in Bezug auf das problematische Fach reflektieren.

Narrative Inseln

LEHRERHINWEIS

Didaktische Hinweise, Varianten und Tipps

Der Blick zurück auf positive Erlebnisse im Zusammenhang mit einem Fach, das in der Summe eher negative Erfahrungen mit sich brachte, kann helfen, Blockaden in diesem Bereich aufzulösen, und so den Weg für eine andere Einstellung zu diesem Fach freimachen.
Allzu oft geben Schüler in einem bestimmten Fachbereich einfach auf und geben sich selbst innerlich keine Chance, in diesem Bereich überhaupt etwas zu lernen.
„Narrative Inseln" bieten hier die Möglichkeit eines Perspektivwechsels, da sie die Absolutheit der Schüler-Aussagen aufbrechen und relativieren.

Häufig wirkt dieses Tool erst nach einiger Zeit und mehrmaliger Wiederholung, da die Aussagen der Schüler tief verwurzelte Überzeugungen widerspiegeln, die nicht so leicht aufzuweichen sind. Trotzdem lohnt es sich, mit diesem Tool zu arbeiten, da sich auch auf kleine Lernerfolge aufbauen lässt.

Die Vorbereitungen halten sich (in Relation zu dem möglichen Erfolg) dabei in durchaus überschaubarem Rahmen: Als Gegenstände für die Timeline-Arbeit eignen sich die auf dem Arbeitsblatt genannten Fläschchen mit buntem Sand, aber auch Kiesel, Steine oder Ähnliches. Es empfiehlt sich je nach Schüler/Klasse für die Lehrperson, einige Flaschen selbst vorzubereiten und mitzubringen, damit die Übung in jedem Fall durchgeführt werden kann.
Zeitlich ist für das Tool etwa eine (Unterrichts-)Stunde einzuplanen.

Da die Schilderung der Erlebnisse sehr privat sein kann, sollte für diese Übung auf jeden Fall ein vertrauter und geschützter Rahmen vorhanden sein. Ob der Klassenraum dazu der geeignete Raum ist, hängt vom Einzelfall und vom Klima innerhalb der Klasse ab.

Da in vielen Klassen solche und ähnliche Blockaden jedoch oft mehrfach vorkommen, kann es durchaus hilfreich sein, dieses Tool im Klassenverband exemplarisch durchzuführen. So könnte man z. B. einen „Freiwilligen" dazu ermutigen, dieses Tool einmal exemplarisch vor der Klasse mit einem Coach durchzuführen.

Eine weitere Möglichkeit wäre es, die einzelnen Stationen der Kindheit auf einem Zeitstrahl aufführen zu lassen. Zu jeder Station (Kindergartenzeit, Grundschule, weiterführende Schule soll der betreffende Schüler drei (oder ein) positive(s) Erlebniss(e) anschaulich schildern und eventuell auch in der Klasse vorstellen. Das ließe sich z. B. als Hausaufgabe vorbereiten und dann in der Stunde präsentieren.

Vielleicht ergeben sich auch ähnliche Erlebnisse bei verschiedenen Schülern, sodass man sie in Plakatform darstellen und dann zu einer „Liste der positiven Lernverstärker" verallgemeinern könnte.

Eine individuelle Anwendung des Tools kann jederzeit erfolgen (etwa in einer Beratungsstunde o. Ä.).

Die Methode „Narrative Inseln" kann man auch bei persönlichen Blockaden einsetzen, die nicht mit einem Problemfach in Zusammenhang stehen. Das Arbeitsblatt muss zu diesem Zweck nur leicht abgewandelt werden, denn das Prinzip bleibt gleich.

Das war gut! – Erinnern und erzählen

ARBEITSBLATT/KOPIERVORLAGE

1. Bereite durchsichtige kleine Plastikflaschen (0,5 l) vor, indem du sie mit buntem Deko-Sand oder Kies befüllst. Sie müssen nicht ganz voll werden, es reicht, wenn sie jeweils zu einem Viertel gefüllt sind. Du benötigst sieben Flaschen.
2. Blicke auf dein bisheriges Leben zurück und erinnere dich: Wann gab es Momente oder Erlebnisse, in denen dir etwas in deinem heutigen „Problemfach" richtig gut gelungen ist? Was war im Zusammenhang mit diesem Fach einmal toll und hat dir gefallen? An welche Erfolge erinnerst du dich? Nimm dir ausreichend Zeit, um dich zu erinnern, und gib nicht zu schnell auf. Beginne in deiner Kindergartenzeit und gehe dann die Schuljahre durch.
3. Notiere fünf bis sieben Erlebnisse mit dem Fach, die du in guter Erinnerung hast, in Stichworten an der Zeitkordel. Schreibe den Zeitpunkt (das Schuljahr) dazu.

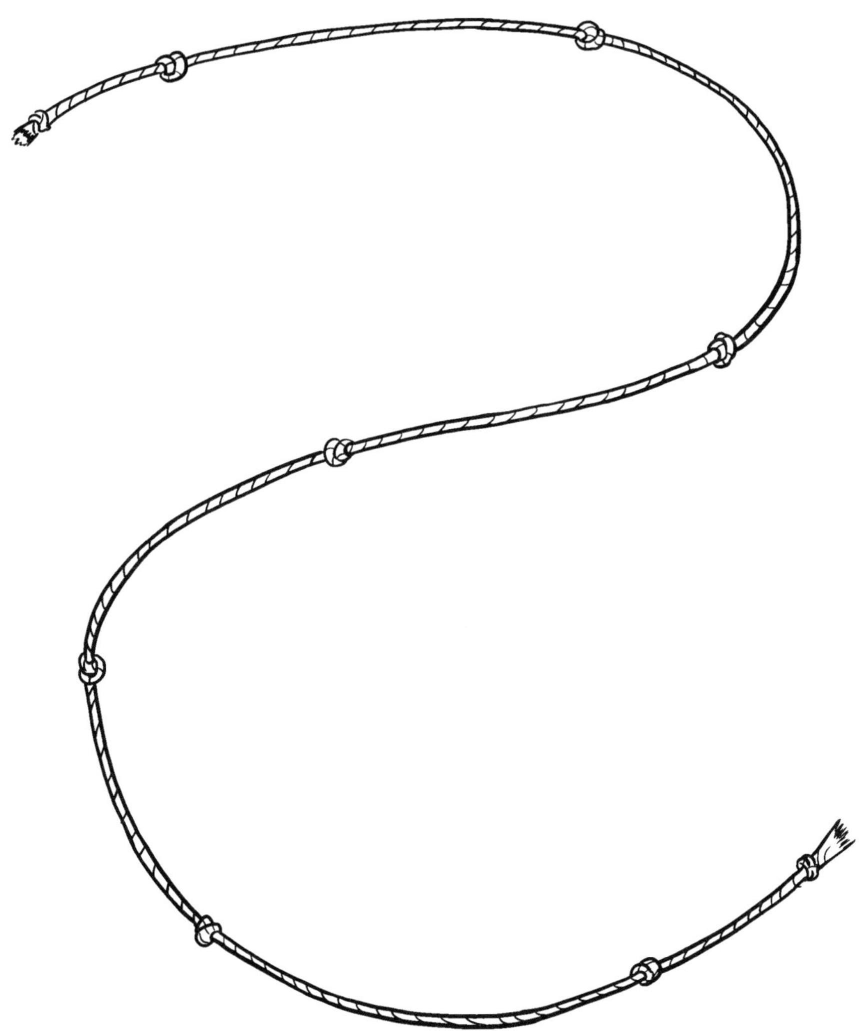

Abb.: Malte Knaack

Ressourcen erschließen

LEHRERHINWEIS

Ziele/Kompetenzen:	Der Schüler vergegenwärtigt sich seine Stärken und Fähigkeiten. Er gewinnt davon ausgehend eine aktive Haltung gegenüber einem Problem oder einer unlösbar scheinenden Situation.
Alter:	ab Klasse 6
Material:	Arbeitsblatt (S. 34)
Möglicher Einsatz:	Passive Haltung bzw. „Aufgabe" in einem Schulfach, Lernblockaden, Mutlosigkeit

Zur Methode

Unter Ressourcen versteht man im Coaching Fähigkeiten, Stärken, nützliche Erfahrungen oder Talente, die Menschen zur Lösung von Problemen nutzen können, die ihnen aber oftmals nicht (oder nicht vollständig) bewusst sind. Mit der für das Coaching zentralen Methode des Fragens kann der Coach versuchen, diese verborgenen Kompetenzen des Klienten hervorzubringen. Anders als Fragetechniken, die bereits konkret auf das Problem und dessen Lösung zielen, dienen ressourcenorientierte Fragen dazu, die eigenen Stärken überhaupt erst einmal wieder ins Bewusstsein zu rücken und dem Coachee das Gefühl der Selbstwirksamkeit (wieder) zu geben, d. h. ihn handlungsfähig und -willig zu machen. Viele Schüler haben dieses Gefühl im Laufe der Zeit durch frustrierende Schulerlebnisse verloren und begegnen ihren Problemen oft passiv und hilflos. In diesem Moment können sie vielleicht noch gar keine Lösung aktiv beschreiten und es wäre nicht zielführend, sie gleich mit der Aufgabe zu betrauen, Strategien zur Lösung ihres Problems vorzulegen. Ähnlich wie die Methode „Narrative Inseln" versucht die Fragetechnik „Ressourcen erschließen" den Schüler zu stärken, indem sie zunächst positive Bewältigungsstrategien und Denkmuster aus der Vergangenheit aktiviert: Welche Hilfen hat der Schüler sich bei ähnlichen Problemen in der Vergangenheit geholt? Was hat er damals getan, um etwas zu verändern?

Ablauf

1. Der Coachee berichtet dem Coach, welcher schulische (Lern)bereich die aktuelle Frustration bzw. die passive Haltung auslöst. In dieser Phase geht es dem Coach bei der Gesprächsführung vornehmlich um die Gefühle des Schülers und noch nicht um eine intensive Analyse des Problems oder eine konkrete Hilfe. Der Coach versucht herauszufinden und dem Schüler zu vermitteln, wie er ihn in der jetzigen Situation wahrnimmt.
2. Der Schüler erhält das Arbeitsblatt (S. 34) zur Bearbeitung und notiert sich erste Gedanken zu den darauf enthaltenen Fragen.
3. Im anschließenden weiteren Gespräch fragt der Coach gezielt nach und ermuntert den Schüler insbesondere, von positiven Erlebnissen und erfolgreichen Bewältigungen schwieriger Situationen zu erzählen. Auch der Frage, was den Schüler möglicherweise (unbewusst) davon abhält, seine vorhandenen Ressourcen zu nutzen, sollte ausreichend Platz eingeräumt werden. Wenn der Schüler bereits Ansätze zu einer aktiven Strategie gegenüber seinem Problem zeigt, kann der Coach diese Hinweise durch Umformulieren und Wiederholen verstärken.
4. Zur Verfestigung der eigenen Stärken und Fähigkeiten bietet es sich an, diese nach dem Gespräch schriftlich festzuhalten, damit der Coachee sie zukünftig „vor Augen" hat.

Ressourcen erschließen

LEHRERHINWEIS

Ein Beispiel aus der Praxis

Kim ist in unserem Realschulbereich. Gerade im Fach Mathematik musste sie schon viele schulische Misserfolge hinnehmen, sodass der Fachkollege den Eindruck hat, dass sie inzwischen völlig frustriert ist. Um sie überhaupt zu motivieren, es weiter ernsthaft zu versuchen, gilt es nun, ihr zu verdeutlichen, dass sie selbst durchaus die Möglichkeit hat, ihren Lernerfolg zu beeinflussen, da sie dies auch schon in der Vergangenheit getan hat. Es gilt die Stärke und Kompetenz, die sich im Verarbeiten dieser negativen Erlebnisse zeigt, herauszustellen.

Kim: „Egal was ich mache, es wird ja doch immer eine Fünf ...!“

Coach: „Und was hat dich dann in der Vergangenheit dazu gebracht, trotzdem in den Mathe-Unterricht zu gehen und es weiter zu versuchen?“

Kim: „Ich hab halt immer gedacht, ich muss am Ball bleiben, dann wird es schon irgendwann ‚Klick‘ machen ...“

Coach: „Dein Am-Ball-Bleiben finde ich gut! Du lässt dich nicht entmutigen, das ist toll.“ – „Was könnte dich denn außerdem noch unterstützen, damit du dein Ziel erreichen kannst“?

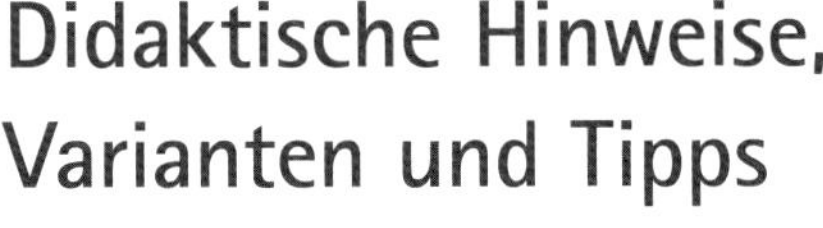

Didaktische Hinweise, Varianten und Tipps

Dieses Tool eignet sich gut dazu, um vorhandene Denkblockaden aufzulösen und eigene Kompetenzen und Stärken aufzuzeigen. Erst dadurch wird der Weg frei, um den Fokus nicht länger auf das Problem, sondern auf die Lösung des Problems zu legen.

Viele Schüler verfügen durchaus über Kräfte und Fähigkeiten, setzen diese aber aufgrund einer eingeübten „Problemroutine" nicht ein. Bisweilen gibt es auch unbewusste Verbote, die verhindern, dass vorhandene Ressourcen genutzt werden, da sonst ein systemischer Zusammenhang oder das eigene Selbstbild gefährdet wird.

Da manche Schüler schon über einen längeren Zeitraum mit einem Fach „abgeschlossen" haben, kann auch hier nicht erwartet werden, dass sich eine lange verfestigte Einstellung in Kürze wandelt und auflöst. Dennoch ist es lohnend, dem Coachee überhaupt einmal die eigenen Optionen zu verdeutlichen, um wieder zu einem planvollen Handeln zu gelangen und die Passivität aufzugeben. Kleine Schritte auf dem Weg, die eigenen Ressourcen zu erkennen und zu pflegen, sind zugleich kleine Schritte auf dem Weg zu mehr Selbstbewusstsein.

Von großer Bedeutung für den Coach ist es bei dieser Methode, auf offene Fragen zu achten und geschlossene Fragen zu vermeiden. Er sollte also die Frage „Was hast du bereits versucht ...?" der Frage „Hast du bereits versucht ...?" unbedingt vorziehen. Geschlossene Fragen wie die letztere sind eher dazu geeignet, dem Schüler seine eigene Unzulänglichkeit vor Augen zu führen, und wirken daher in diesem Zusammenhang kontraproduktiv.

Ressourcen erschließen

ARBEITSBLATT/KOPIERVORLAGE

Lies die folgenden Fragen und beantworte sie. Nimm dir ausreichend Zeit für deine Gedanken. Wenn du für die Antworten mehr Platz benötigst, schreibe auf der Rückseite weiter oder auf einem zusätzlichen Blatt.

Wie würdest du dein Problem beschreiben?

....

....

....

Was hat dir in der Vergangenheit in ähnlichen Situationen geholfen?
Welche Methoden oder welche Menschen waren dabei für dich hilfreich?

....

....

....

Was hast du im Hinblick auf dein Problem schon versucht oder ausprobiert?
Was davon hat aus deiner Sicht etwas gebracht?

....

....

....

Welche Kompetenzen aus anderen Bereichen, in denen du erfolgreich bist, könntest du nutzen?

....

....

....

Welche Unterstützung kannst du dir bei Freunden, Familie oder Bekannten holen?

....

....

....

....

Was hält dich möglicherweise davon ab, deine Ressourcen zu nutzen?

....

....

....

....

Glaubenssätze ermitteln

LEHRERHINWEIS

Ziele/Kompetenzen:	Der Schüler findet heraus, welche inneren Überzeugungen seine Wahrnehmung der Welt und sein Ich-Konzept bestimmen. Er erkennt den Zusammenhang zwischen seinen Grundannahmen und seinen eigenen Möglichkeiten und Grenzen. Er hinterfragt sein Einstellungsgrundmuster.
Alter:	ab Klasse 8
Material:	Arbeitsblatt (S. 36)
Möglicher Einsatz:	Unreflektierte generalisierte Lern- oder Handlungsblockade, Unzufriedenheit, Ängste und Einschränkungen

Zur Methode

Glaubenssätze hat jeder Mensch internalisiert. Es sind Aussagen und Annahmen über sich selbst, über die eigenen Charaktereigenschaften und Fähigkeiten. Sie sind oft in früher Kindheit gebildet worden und beruhen auf Erfahrungen und Äußerungen anderer (Eltern, Lehrer), die unreflektiert übernommen wurden und auf diese Weise das eigene Verhalten auch später prägen und bestimmen. Glaubenssätze wie „Mit meinem Aussehen finde ich nie einen Mann!" oder „Nur wenn ich viel arbeite, werde ich anerkannt" besitzen viel Kraft. Sie werden nicht hinterfragt und wirken unbewusst wie eine innere Verhaltensvorschrift. Auch in Form von Sprichwörtern oder Lehren finden sich Glaubenssätze festgeschrieben, die oft in Situationen abgerufen werden, in denen einem die eigene Kraft zum Urteilen und Handeln fehlt.

Positive Glaubenssätze bilden eine wichtige Ressource, die auch im Bereich des Lernens von nicht zu unterschätzender Bedeutung ist. Sie müssen häufig erst entwickelt werden. Negative Glaubenssätze dagegen sind oft „ererbt" und behindern den Lernerfolg häufig erheblich. Bevor Methoden aufgezeigt werden, wie positive Glaubenssätze verstärkt (S. 37 f.) und negative Glaubenssätze aufgelöst bzw. hinterfragt werden können, geht es in dem Material auf der nächsten Seite zunächst darum, die Glaubenssätze eines Schülers systematisch zu erfragen.

Ablauf

1. Der Coachee bearbeitet das Arbeitsblatt „Glaubenssätze ermitteln" (S. 36) zunächst für sich allein (etwa 20 Minuten).
2. Im anschließenden Gespräch erhält der Schüler zunächst Gelegenheit, seine Sätze vorzustellen und dabei zu äußern, wenn ihn etwas vielleicht selbst überrascht hat. Der Coach kann dann einzelne der Überzeugungen durch Fragen nach der Art „Muss das so sein?", „Wer sagt das?" thematisieren, um diese als Einschränkung zu enttarnen.

Didaktische Hinweise, Varianten und Tipps

Glaubenssätze werden von den meisten Schülern im Gespräch nicht direkt geäußert. Sie können häufig nur indirekt aus ihren Äußerungen erschlossen werden. Da diese prägenden Sätze jedoch über so viel Macht bezüglich der Handlungsfreiheit der Schüler besitzen, ist es sehr hilfreich, sie diese „Vorschriften" selbst aussprechen bzw. aufschreiben zu lassen.

Anstelle des Begriffs „Schule" kann auf dem Arbeitsblatt auch das konkrete Fach eingesetzt werden, mit dem der Schüler ein Problem hat. Auf diese Weise gelangen die Fragen noch näher an die Ursache möglicher Blockaden, Ängste oder Verweigerungen.

Glaubenssätze ermitteln

ARBEITSBLATT/KOPIERVORLAGE

Ergänze die folgenden Sätze:

Was glaube ich in Bezug auf mich selbst?

Ich glaube, ich bin ....

....

Für mich zählt im Leben ....

....

Mir ist wichtig, dass ....

....

Ich kann ....

Ich will ....

Ich muss ....

Mir liegt viel an ....

....

Mir kommt es darauf an, dass ....

....

Was glaube ich in Bezug auf meine Mitmenschen/Freunde/Klassenkameraden?

Die anderen wollen ....

Die anderen mögen ....

Den anderen kommt es darauf an, dass ....

Die anderen sind ....

Was glaube ich in Bezug auf die Schule?

Ich glaube, Schule ist ....

....

Ich glaube, der Sinn der Schule ist es, ...

....

Die Lehrer sind ....

Schule ist für mich sinnvoll, weil ....

Positive Glaubenssätze entwickeln

LEHRERHINWEIS

Ziele/Kompetenzen:	Der Schüler entwickelt die Kraft eigener positiver Überzeugungen, indem er diese verbalisiert, und nutzt sie, um (schulische) Aufgaben zu bewältigen.
Alter:	ab Klasse 7
Material:	Arbeitsblatt (S. 38)
Möglicher Einsatz:	Geringes Selbstwertgefühl, ausbleibender Erfolg im schulisch-kognitiven Bereich

Zur Methode

Positive Glaubenssätze bilden einen Teil der persönlichen Ressourcen, die jeder Schüler benötigt, um Probleme und Schwierigkeiten zu bewältigen. Sie können durch frühe Prägung im Ich als feste innere Überzeugungen verankert sein, die ihm „sagen", über welche Talente und Fähigkeiten er verfügt. Oftmals müssen sie aber überhaupt erst entwickelt werden. Um positive Glaubenssätze nutzbar zu machen, müssen sie an die Oberfläche des Bewusstseins geholt oder im Gespräch mit dem Schüler aufgespürt und etabliert werden. Dies ist das Ziel des Arbeitsblatts (S. 38), das durch ein intensives Gespräch vertieft wird.

Ablauf

1. Der Schüler erhält das Arbeitsblatt „Positive Glaubenssätze entwickeln" (S. 38) und dokumentiert darauf in Stichworten fünf Fähigkeiten, über die er nach eigener Ansicht in hohem Maße verfügt.
2. Anschließend ermuntert ihn der Coach, ihm die Fähigkeiten mit Beispielen in einem kleinen Vortrag vorzustellen: „Richtig gut kann ich ... Das zeigte sich z. B., als ich ..."
3. Der Coach gibt dem Schüler ein angemessenes Feedback. Danach versucht er im Gespräch mit ihm zu überlegen, wie er die Fähigkeiten auch für seine schulischen Ziele nutzen könnte.

Ein Beispiel aus der Praxis

Ina ist eher eine schwache Schülerin, oft unmotiviert und lustlos im Deutschunterricht. Während einer Lyrik-Reihe fragt sie plötzlich, ob sie auch selbst Gedichte schreiben dürfe, statt sie nur zu analysieren. „Darin bin ich echt gut", sagt sie.
Auch wenn diese Einschätzung etwas verwunderlich klingt, lohnt sich die Frage, wie dieses Talent, von dem Ina überzeugt ist, für den Unterricht genutzt werden kann.

Didaktische Hinweise, Varianten und Tipps

Gerade bei Schülern mit geringem oder gar keinem Selbstwertgefühl (oder bei gerade erlittenen schweren Niederlagen) kann es erstaunliche Erfolge, insbesondere für die Motivation, geben, wenn dieses Tool angewendet wird. Manchmal entwickeln sich aus den „verborgenen" Talenten der Schüler auch neue methodische Zugänge, die in fachlicher Hinsicht einen anderen Weg erschließen, der den „Knoten" oft erst platzen lässt bzw. die Barriere überwindet.
Auch eine Befragung von Klassenkameraden, Eltern und Freunden kann gelegentlich sinnvoll sein, wenn der Schüler von sich aus nicht weiß, was er denn glaubt, sehr gut zu können.

Positive Glaubenssätze entwickeln

ARBEITSBLATT/KOPIERVORLAGE

Jeder Mensch hat ein bestimmtes Bild von sich. Dieses Bild sagt ihm unter anderem, was er sich zutrauen und was er erreichen kann. Es lohnt sich, einmal darüber nachzudenken, welche positiven Seiten dieses Bild enthält.
Was glaubst du: Über welche Fähigkeiten verfügst du, vielleicht mehr als andere?

1. Notiere in den Kästen fünf Fähigkeiten, die du deiner eigenen Meinung nach richtig gut kannst.

2. Ergänze dann stichwortartig Gelegenheiten, in denen sich diese Fähigkeiten gezeigt haben.

3. Erzähle nun – zunächst nur für dich selbst – einmal laut von deinen Begabungen! Du kannst so beginnen:

Richtig gut kann ich ... Das zeigte sich z. B., als ich ...

Augenbewegungen

LEHRERHINWEIS

Ziele/Kompetenzen:	Der Coach wird für die Sinneskanäle sensibilisiert, die der Schüler bevorzugt, und kann dies bei seinen Lerntipps berücksichtigen.
Alter:	ab Klasse 5
Möglicher Einsatz:	Verbesserung der Beziehung zwischen Coach und Schüler, Stärkung spezifischer Fähigkeiten des Schülers

Zur Methode

Die Beobachtung der Augenbewegungen zur Deutung innerer Gedanken eines Menschen stammt aus der Lehre des Neurolinguistischen Programmierens (NLP). Die Bewegungen der Augen beim Prozess des Nachdenkens erfolgen danach unwillkürlich und in der Regel auch unbewusst. Trotzdem (oder gerade deshalb) lassen sich aus ihnen Rückschlüsse auf die Gedankenprozesse ziehen, die bei einem Klienten ablaufen, wenn man gelernt hat, diese Augenbewegungen zu deuten.
Menschen neigen dazu, beim Nachdenken intuitiv ihre Augen in bestimmte Richtungen zu bewegen. Diese Bewegungen sind jedoch keineswegs zufällig, sondern ein Spiegel unserer Gedanken, die in Form von inneren Bildern, Gerüchen, Geräuschen oder Geschmacksempfindungen abgespeichert wurden. Einerseits dient die Beobachtung der Augenbewegungen daher der Einstimmung von Coach und Coachee aufeinander, auf der anderen Seite erschließt sie, auf welchem „Kanal" (visuell, auditiv oder kinästhetisch) der Schüler vorwiegend empfänglich ist. Das bietet nicht zuletzt auch für Lernempfehlungen wertvolle Ansätze.

Ablauf

1. Der Coach beobachtet die Augenbewegungen des Schülers, während dieser im Gespräch von sich erzählt oder während er schulische Aufgaben erledigt.
2. Der Coach versucht aus der Deutung der Augenbewegungen (s. Hinweise auf S. 40) Hilfen abzuleiten, die der bevorzugten Informationsverarbeitung des Schülers am besten entsprechen.
3. Coach und Schüler tauschen sich nach einem vereinbarten Zeitraum darüber aus, ob die geänderte (Lern)Methode erfolgreich war.

Ein Beispiel aus der Praxis

Monique fällt es nach eigener Aussage sehr schwer, sich Vokabeln zu merken.
Ihr Klassenlehrer bestätigt, dass sie sonst fleißig ist, bei Vokabeltests aber regelmäßig unzureichende Leistungen erzielt.
Der Coach versucht durch Fragen herauszufinden, wie sie die Vokabeln lernt. Monique überlegt, und es fällt auf, dass sie dabei sehr oft starr vor sich hinblickt. Der Coach rät ihr daraufhin: „Versuche einmal, dir jede Vokabel mit einem inneren Bild vor deinen geschlossenen Augen vorzustellen, und sprich dieses Bild auch laut aus. Erst wenn du das Bild komplett vor dir siehst, probierst du, die nächste Vokabel auf die gleiche Art zu lernen."
Nach zwei Wochen berichtet Monique, dass es ihr mit dieser Methode leichter fällt, sich an die Vokabeln zu erinnern, wenn sie die Augen wieder schließt und versucht, sich zu erinnern. Sie will ausprobieren, ob ihr diese Methode auch langfristig helfen wird.

Augenbewegungen

Didaktische Hinweise, Varianten und Tipps

Natürlich kann man an dieser Stelle nur einen ersten Ansatz dieses Tools vorstellen. Bei Interesse sei auf die Ausführungen von Karl und Nandana Nielsen verwiesen.* Eine grobe Deutungshilfe von Augenbewegungen bieten die folgenden Hinweise:

- Bewegen sich die Augen beim Nachdenken oberhalb der waagerechten Blickrichtung, werden innere Bilder aufgerufen.
- In der waagerechten Blickrichtung sind es innere Töne, Geräusche und Stimmen.
- Blickt der Klient nach rechts unten, ist er oft sehr mit seinen Gefühlen beschäftigt, während er, wenn er nach links unten schaut, häufig einen „inneren Dialog" mit sich selbst führt.
- Schaut er starr „ins Leere", d. h. unbewegt geradeaus, ist er in der Regel ebenfalls mit seinen inneren Bildern beschäftigt.

Natürlich müssen nicht alle Menschen diesem Schema entsprechen („Seitenverschiebungen" ergeben sich insbesondere z. B., wenn sie Linkshänder sind), es kann aber einen Hinweis darauf geben, wie ein Schüler „tickt".

Methoden aus dem NLP sind wissenschaftlich nicht unumstritten. Dieses Tool soll lediglich eine Hilfestellung sein, um festzustellen, was im Inneren des Schülers vielleicht vorgehen könnte.
Eine möglichst enge und empathische Beziehung zwischen Coach und Klient ist Voraussetzung für erfolgreiches Coachen. Dazu gehören auch die Einstimmung und das Eingehen auf den bevorzugten Sinneskanal des Schülers, damit dieser sich verstanden und angenommen fühlt.

Da unser Schulsystem darüber hinaus vorwiegend auditiv/visuell ausgelegt ist, werden Schüler, die andere Sinneskanäle bevorzugen, häufig benachteiligt. Ein Coach kann hier gute Lerntipps für diese Schüler geben, wenn er erst einmal herausgefunden hat, welches der bevorzugte Sinneskanal des Schülers ist.

Die wenigsten Menschen sind jedoch ausschließlich und stets einem dieser Sinneskanäle zuzuordnen, es gilt also vorsichtig und sensibel zu beobachten und nicht etwa schematisch den Klienten in eine „Schublade" zu stecken.

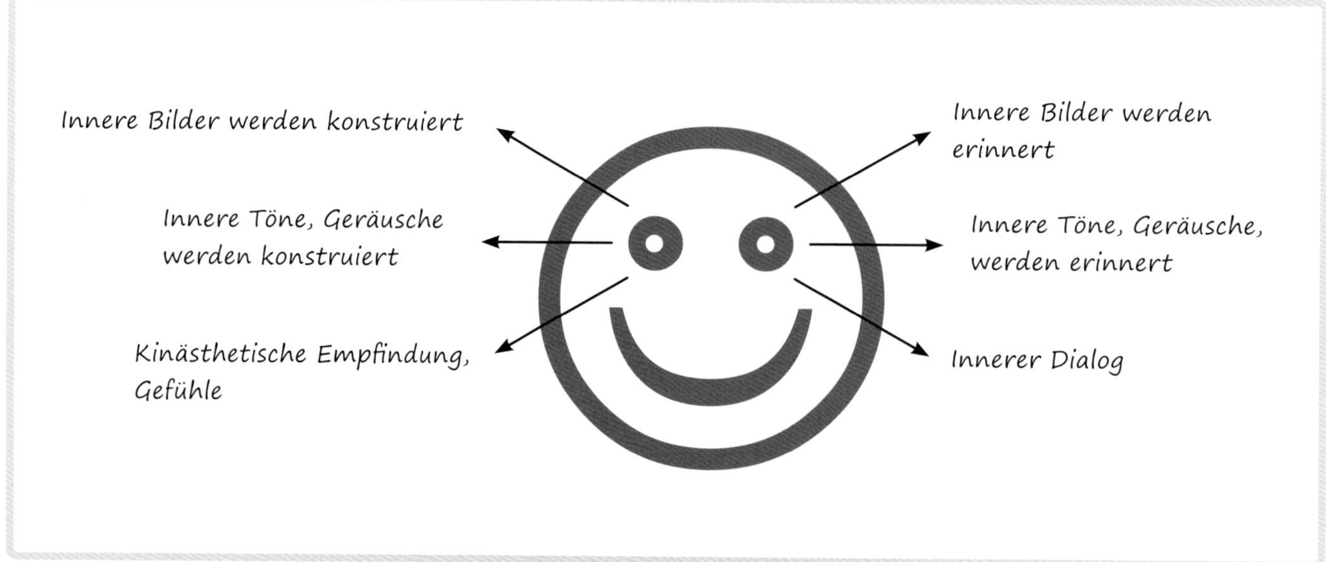

* Karl Nielsen/Nandana Nielsen: NLP: Die Karten zur NLP-Ausbildung. Berlin: Heragon Verlag 2011.

Probleme analysieren + Verhalten ändern

W-Fragen

LEHRERHINWEIS

Ziele/Kompetenzen:	Der Schüler beginnt eine Selbstreflexion über sein Problem. Er lenkt seine Gedanken darüber in eine konstruktive Richtung. Der Coach erhält detaillierte Informationen über den Sachverhalt des Problems.
Alter:	ab Klasse 5 (die Fragen dabei sprachlich dem Alter anpassen)
Material:	Fragenkatalog, s. unten
Möglicher Einsatz:	Probleme konkretisieren, Generalisierungen auflösen und Problemlösungen erarbeiten

Zur Methode

Schüler, die Coachingtermine wünschen oder denen ein Coaching vorgeschlagen wird, werden in der Mehrzahl wissen oder fühlen, dass sie ein Problem beschäftigt, das der Grund für das Gespräch oder die Beratung ist. Nicht immer aber verfügen die Schüler über eine reflektierte Wahrnehmung ihres Problems. Dem Coach muss daher zuallererst daran gelegen sein, sich präzise Informationen über den Sachverhalt zu verschaffen und dem Coachee das Gefühl zu geben, in seinem individuellen Problem verstanden zu werden.
Mit den W-Fragen (Wer? Was? Wann? Wo? Wie? Wie viel? Warum?) lenkt der Coach die Aufmerksamkeit auf das Anliegen des Schülers und verschafft sich selbst einen Überblick. Die offenen Fragen konkretisieren das Problem oder Problemfeld und ermöglichen Coach und Coachee, darüber miteinander ins Gespräch zu kommen. Die W-Fragen dienen der Öffnung und geben dem Schüler das Gefühl, dass man sich ihm zuwendet.

Ablauf

1. Der Coach ermuntert den Schüler, sein Problem oder Anliegen vorzustellen, das den Anlass für das Gespräch bildet. Je nachdem, wie strukturiert und reflektiert die Darstellung seitens des Schülers verläuft, unterstützt der Coach die Beschreibung durch W-Fragen, z. B.:
   - **Wann** genau tritt das Problem auf?
   - **Wer** ist an dem Problem beteiligt?
   - **Was** genau ist das Problem?
   - In **welcher** Umgebung/Situation tritt das Problem auf?
   - **Wie** oft tritt das Problem auf?
   - Mit **welchen** Personen ist das Problem verbunden?
   - **Warum**, glaubst du, gibt es dieses Problem?
   - **Wie** gestaltet sich das Problem?
   - **Worin** zeigt es sich?
   - **Weshalb**, glaubst du, hast du dieses Problem?
   - **Woran** hindert dich das Problem?
   - **Wer** könnte dir helfen?
   - **Wie** müsste diese Hilfe aussehen?
2. Der Schüler reflektiert über seine Antworten im Gespräch seinen bisherigen Zugang zum Problem und durchbricht somit die „Problemroutine".
3. Der Coach hält die Antworten schriftlich fest und nutzt sie für die weitere Beratung.

Zirkuläres Fragen

LEHRERHINWEIS

Ziele/Kompetenzen:	Der Schüler erweitert seine Sicht auf sein Problem, indem er sich in die Rolle von anderen versetzt und Fragen aus deren Perspektive beantwortet.
Alter:	ab Klasse 7
Material:	Arbeitsblatt (S. 44)
Möglicher Einsatz:	Gespräche über Probleme, die Intervention und „Störung" erfordern

Zur Methode

Genaues Fragen und Nachfragen bilden die Basis im Coaching. Oft gibt es hinter dem vordergründigen Problem, dass der Schüler vorbringt, ein tieferes „Problem hinter dem Problem", das es zu verifizieren gilt, um einer Lösung näher zu kommen. Mithilfe verschiedener Fragetechniken können problem-, alters- und typabhängig Einstellungs- und Verhaltensmuster sichtbar werden und Fortschritte im Reflexionsprozess des Schülers erreicht werden.

Zirkuläres Fragen als eine dieser Fragetechniken stammt aus der systemtherapeutischen Praxis und zeichnet sich durch die Chance zum Perspektivenwechsel und damit zu Gedankenanstößen aus. Man versteht darunter Fragen, die „um die Ecke" fragen. Der Coachee wird nicht direkt nach seiner Einschätzungen zu einer bestimmten Situation befragt, sondern es wird eine dritte Position eingeführt, z. B. der beste Freund, eine Mitschülerin oder ein Familienmitglied. Der Coachee wird gefragt, was er glaubt, wie diese dritte Person das Problem beschreiben würde. Durch diese zirkuläre Frage wird er dazu aufgefordert, Hypothesen aufzustellen und die Situation von einer Metaposition aus zu betrachten. Insbesondere wenn Personen emotional sehr eng mit ihrer Sicht auf das Problem verflochten sind, bietet die Methode des zirkulären Fragens eine Möglichkeit, diese eindimensionale Koppelung zu durchbrechen und einen neuen Blickwinkel zu öffnen.

Ablauf

1. Der Coach bittet den Schüler, sich seinem Problem einmal dadurch anzunähern, dass er in die Haut anderer schlüpft und sich selbst und sein Problem aus deren Perspektive wahrnimmt. Der Coachee erhält zu diesem Zweck das Arbeitsblatt „Die Sicht der anderen – Die Perspektive wechseln" (S. 44).
2. Der Schüler beantwortet die Fragen und reflektiert dabei Unterschiede in der Wahrnehmung des Problems.
3. Im Gespräch greift der Coach den erweiterten Wahrnehmungshorizont des Coachees gezielt auf: Wenn du all diese Perspektiven berücksichtigst, was ändert das an deiner Sichtweise auf dein Problem?

Didaktische Hinweise, Varianten und Tipps

Dieses Tool ist auf fachlicher Ebene auch als Vorübung zur geführten Argumentation einsetzbar, da man sich in die Sichtweise anderer hineinversetzen muss.

Darüber hinaus ist ein solcher Perspektivwechsel sowohl bei fachbezogenen Fragen als auch bei einer Vielzahl persönlicher Probleme zu verwenden.

Gelegentlich kann es bei einigen Schülern zu Schwierigkeiten bei der Verwendung dieses Tools kommen, da sie sich nicht ohne Weiteres in die Gedankengänge eines anderen hineinversetzen können. Hier kann der Coach mit gezielten Hilfsfragen Hemmnisse abbauen.

Die Sicht der anderen – Die Perspektive wechseln

ARBEITSBLATT/KOPIERVORLAGE

1. Mache dir selbst gegenüber noch einmal bewusst, was genau dir im Moment Probleme bereitet. Welche Empfindungen bestimmen deine Sicht auf das Problem?
2. Versetze dich dann in die Position der unten genannten Personen. Stelle Vermutungen zu ihrer Sicht auf dein Problem an und gib diese jeweils in wenigen Sätzen wieder. Verwende für längere Antworten gegebenenfalls die Rückseite des Arbeitsblatts oder ein zusätzliches leeres Blatt.

Stelle dir vor, was dein bester Freund/deine beste Freundin zu deinem Problem sagen würde.
Er/Sie würde sagen, dass ...

....

....

....

Was würde dein Lieblingslehrer dazu sagen?
Er/Sie würde sagen, dass ...

....

....

....

Was würde deine Mutter/dein Vater sagen?
Sie/Er würde sagen, dass ...

....

....

....

Was würden deine Klassenkameraden sagen?
Sie würden sagen, dass ...

....

....

....

Falls du in einem Club/Verein bist, wie würde man es da sehen?
Da würde man sagen, dass ...

....

....

....

Abb.: Malte Knaack

ISBN 978-3-8346-2752-0 | www.verlagruhr.de

Negative Glaubenssätze analysieren

LEHRERHINWEIS

Ziele/Kompetenzen:	Der Schüler benennt und hinterfragt innere Überzeugungen. Er erkennt die Einschränkung der gewachsenen Überzeugungen und relativiert deren absoluten Geltungsanspruch.
Alter:	ab Klasse 8
Material:	Arbeitsblatt (S. 47)
Möglicher Einsatz:	Schulische und/oder zwischenmenschliche Probleme, Isolation von Schülern, (Lern-)Blockaden und Einschränkungen

Zur Methode

Glaubenssätze (vgl. S. 35) sind tiefe innere, nicht hinterfragte Überzeugungen, die unser Bild von uns und von der Wirklichkeit formen und beeinflussen. Negative Glaubenssätze können sehr zählebig sein und den Lernerfolg, aber auch die persönliche Entwicklung von Schülern massiv stören. Schüler haben oft unbewusst eine Fülle dieser Glaubenssätze, die ihr Lernverhalten nachhaltig beeinträchtigen. Diese einschränkenden Überzeugungen resultieren einerseits aus negativen Erfahrungen und Erlebnissen, oft sind es aber auch unbedachte Äußerungen im familiären oder schulischen Umfeld, die sich die Schüler zu eigen gemacht haben. Manche dieser Glaubenssätze halten sich bis weit ins Erwachsenenleben hinein und prägen so nachhaltig unsere Wirklichkeit. Umso wichtiger ist es, diese hinderlichen negativen Glaubenssätze möglichst frühzeitig in der schulischen Laufbahn aufzuspüren, zu hinterfragen, abzubauen und im Idealfall durch positive Glaubenssätze (vgl. S. 38) zu ersetzen.
Coaching bietet Methoden, Glaubenssätze zu hinterfragen und zu relativieren, um z. B. das Lernen in bestimmten Fächern oder eine Änderung des Verhaltens in der Gruppe (wieder) zu ermöglichen. Am Beginn steht das Aufspüren der immanenten Überzeugungen. Bevor man an die „Umprogrammierung" der Glaubenssätze geht, gilt es zunächst, diese auszusprechen und bewusst zu machen. Dies initiiert der Coach über gezielte Fragen: Der Fragenkatalog „Glaubenssätze ermitteln" (S. 36) sowie die W-Fragen (S. 42) bilden eine gute Basis dafür, die generalisierenden und unreflektierten Aussagen auf die bewusste Ebene zu heben und so zu verändern.
Negative Glaubenssätze finden sich sowohl im Bereich der fachlichen Kompetenzen als auch im persönlichen und zwischenmenschlichen Bereich. Im Folgenden (Arbeitsblatt S. 47) wird exemplarisch die Analyse einer negativen Überzeugung bezogen auf ein Schulfach vorgestellt.

Ablauf

1. Der Coach erfährt vom Schüler im Gespräch, das dieser nach eigener Aussage ein Fach in der Schule für sich „abgehakt" hat. Als Grund nennt der Schüler, er sei für das Fach grundsätzlich unbegabt und untalentiert.
2. Der Coach bittet den Schüler, den Grund für diese „Selbstaufgabe" als Satz zu formulieren und diesen auf dem Arbeitsblatt „Das konnte ich noch nie!? – eine Überzeugung untersuchen" (S. 47) aufzuschreiben.
3. Der Coachee setzt dann sein „Problemfach" in die Lücken auf dem Arbeitsblatt ein und beantwortet die Fragen schriftlich. Hierfür sollte er ausreichend Zeit erhalten.
4. Im anschließenden Gespräch versucht der Coach, ausgehend von den Notaten des Schülers und mit-

Negative Glaubenssätze analysieren

LEHRERHINWEIS

Ein Beispiel aus der Praxis

„Für Mathe bin ich zu blöd!" „Ich kann nicht malen." Diese Sätze fallen in der Schule häufig. Negative Glaubenssätze finden sich aber auch auf der zwischenmenschlichen Ebene:

Eine Schülerin klagt über Ausgrenzung, Beleidigungen und Mobbing in ihrer Klasse. In einem Gespräch außerhalb des Klassenzimmers sagt sie u.a.: „Ich wundere mich auch gar nicht, dass die anderen so zu mir sind. Das war schon immer so. Schon in der Grundschule war ich unbeliebt, obwohl ich nie jemandem etwas getan habe!"

Dies sind Aussagen, in denen sich ein negativer Glaubenssatz spiegelt, der manchmal sogar eine ganze Familie betreffen kann.

Schülerin: „Unsere Familie ist halt anders und die anderen mögen uns nicht!"

Coach: „Inwiefern ist deine Familie ‚anders'?"

Schülerin: „Meine Mutter ist voll berufstätig und hat dadurch wenig Zeit, mir zu helfen, ich muss auch viel im Haushalt machen, außerdem haben wir nicht alle den gleichen Vater!"

Coach: „Und wie genau zeigt sich, dass die anderen euch nicht mögen?"

Schülerin: „Sie tuscheln über uns und zu Geburtstagen werden wir oft nicht eingeladen ..."

Coach: „Wer genau ist denn daran beteiligt? Gibt es Ausnahmen?" ...

(Das ganze Gespräch dauert mit allen Fragen 45 Minuten.)

Nach dem Gespräch ist die Schülerin sehr nachdenklich und in sich gekehrt. „Ich muss das jetzt alles mal sacken lassen, vielleicht habe ich das ja zu pauschal gesehen", sagt sie. Eine Woche später kommt sie zu mir und berichtet, dass sie einige Nachbarn mittags zum Kaffee eingeladen habe.

hilfe vertiefender Fragen, ein Bewusstsein dafür zu schaffen, dass der negative Glaubenssatz nicht zwingend „in Stein gemeißelt", sondern mit der Zeit gewachsen ist und möglicherweise auch verändert werden kann.

5. Coach und Coachee vereinbaren kleine Teilziele, die den Zugang zu dem problematischen Fach wieder öffnen können. Dies können z. B. Ziele wie regelmäßiges Erscheinen, die Verabredung, sich einmal in der Stunde zu melden, oder die Erledigung von Hausaufgaben sein, aber auch Möglichkeiten, externe Hilfe wie Fördermaßnahmen oder Schülerhilfe anzunehmen.

6. Der Coach hält mit dem Schüler diese Ziele „vertraglich" fest, terminiert sie und fordert die Verbindlichkeit durch regelmäßiges Nachfragen ein.

Didaktische Hinweise, Varianten und Tipps

Der erste Schritt zu einer gedanklichen Veränderung negativer Glaubenssätze ist, das Bewusstsein dafür zu wecken, dass es sich bei der entsprechenden Überzeugung um ein gewachsenes gedankliches Konstrukt und nicht um eine unabänderliche Tatsache handelt.
Beim Einzel-Coaching bietet das Aussprechen dieser Glaubenssätze die Möglichkeit, deren „Absolutheit" zu reflektieren und zu hinterfragen. Häufig setzt dann ein Umdenkprozess ein, der durch weitere positive Coaching-Erlebnisse (z. B. mithilfe der Methode „Narrative Inseln") unterstützt werden kann. Vor allem die vertragliche Vereinbarung und das Nachfragen des Coaches bieten dabei die Chance, den Glaubenssatz nachhaltig zu verändern. Dieses Tool bildet häufig die Basis, die erst eine Verhaltensänderung und Wahrnehmungsveränderung bewirkt.

Das konnte ich noch nie!? – Eine Überzeugung untersuchen

ARBEITSBLATT/KOPIERVORLAGE

1. Formuliere deine Überzeugung, indem du den unten stehenden Satz vervollständigst.

Ich glaube, dass ich meine Leistungen im Fach .... nicht

steigern kann, weil ....

2. Setze das Fach, in dem du deine Leistungen verbessern möchtest, jeweils unten ein und beantworte die Fragen schriftlich in deinem Heft oder auf einem gesonderten Blatt.

a) Seit wann bist du der Ansicht, dass du in .... unbegabt bist?

b) Gab es in eurer Familie schon andere Mitglieder, die der Ansicht waren, dass du/ihr

.... nicht kannst/könnt?

c) Galt .... in eurer Familie als schwieriges Fach? Warum?

d) Gab es Äußerungen deiner Eltern, anderer Lehrer (z.B. in der Grundschule) die besagten,

dass du in .... untalentiert bist? Welche waren das (Beispiele)?

e) Was hat dich zu der Ansicht gebracht, dass du .... nicht kannst?

f) Berichte von einem konkreten Ereignis, dass dich in deiner Überzeugung bestärkt hat.

g) Was glaubst du? Welche Fähigkeiten fehlen dir, um in ....
begabt zu sein?

h) Glaubst du, dass Jungen/Mädchen .... besser können?
Wenn ja, warum glaubst du das?

i) Gibt es für dich einen Vorteil, wenn du

.... nicht kannst?
(z.B.: Bequemlichkeit, andere machen es für dich)

j) Was würde sich für dich negativ verändern, wenn du

plötzlich .... könntest?

Abb.: Malte Knaack

Umdeutungen (Reframing)

LEHRERHINWEIS

Ziele/Kompetenzen:	Der Schüler erkennt den Anteil von eigenen Zuschreibungen an der Bedeutungskonstitution von Sachverhalten, Geschehnissen, Ereignissen und Verhalten. Er bezieht andere Zuschreibungen in seine Bewertung mit ein.
Alter:	ab Klasse 6
Material:	Stuhlkreis, Metaplankarten, dicke Filzstifte
Möglicher Einsatz:	Klage über problematische Situationen oder das Verhalten anderer, überkritische Einschätzung des eigenen Verhaltens

Zur Methode

Die Methode Reframing (engl. „frame“: Rahmen) dient dazu, eine neue Sichtweise auf eine Situation, ein Ereignis oder ein Verhalten zu entwickeln, das als negativ oder problematisch wahrgenommen wird. Ziel der Methode ist es, eine aktive Haltung in einer vermeintlich eindeutigen Situation zurückzugewinnen. Der Begriff des Rahmens signalisiert die Bedeutungszuschreibung durch einen bestimmten gedanklichen Kontext. Mithilfe dieser Methode wird versucht, einem Geschehen eine neue Bedeutung oder einen anderen Sinn zuzuweisen, indem man es durch einen neuen „Rahmen“ betrachtet. Als klassisches Beispiel lässt sich das – je nach Sichtweise – halbvolle oder halbleere Glas heranziehen. Eine positive Einschätzung schreibt derselben Tatsache eine andere Bedeutung zu als eine kritische oder vorsichtige. In der systemischen Familientherapie wird das Reframing u.a. auch dazu eingesetzt, die Haltungen und Einstellungen anderer Familienmitglieder zu erfragen und für deren Verhaltensweisen mehr Empathie zu entwickeln.

Ablauf

1. Die Gruppe/Klasse nimmt in einem Stuhlkreis Platz.
2. Der Coach moderiert und erklärt das Verfahren: Ein Schüler beschreibt der Gruppe sein Problem, d.h., er schildert z.B. eine Situation, die ihn belastet, oder eine Verhaltensweise, die ihn stört oder die er als einengend empfindet.
3. Die Mitglieder der Gruppe erhalten in einer Runde die Gelegenheit, bei dem Schüler, dessen Problem untersucht wird, Nachfragen zu stellen, wenn ihnen an dessen Beschreibung noch etwas unklar ist oder sie weitere Informationen benötigen.
4. Der einzelne Schüler geht nun aus dem Stuhlkreis heraus und nimmt mit dem Rücken zur Gruppe seitlich von ihr Platz. Die Mitglieder der Gruppe äußern nacheinander, wie sich der Schüler ihrer Meinung nach fühlen muss, d.h., sie vollziehen seine Gefühle in der jeweiligen Situation nach und spiegeln ihm dies. Der Schüler hört den Äußerungen der Gruppe zu, ohne die einzelnen Sprecher zu sehen.
5. Der Schüler nimmt wieder im Kreis Platz. Er erhält Gelegenheit, zu sagen, welche Gefühlsbeschreibung/en aus der Gruppe seine eigene Befindlichkeit am treffendsten wiedergegeben hat/haben.
6. Die Mitglieder der Gruppe erhalten nun Karten mit der Aufforderung, der geschilderten Situation einen neuen „Rahmen“ zu geben und diesen zu notieren.

Umdeutungen (Reframing)

LEHRERHINWEIS

Ein Beispiel aus der Praxis

Klage der Schülerin: „Ich kann nichts machen, ich bin halt abhängig von meinem Vater! Ständig mischt er sich in mein Leben ein und bevormundet mich!"

Ein Beispiel für eine neue „Rahmung" dieser Klage wäre:
„So, dein Vater ist also sehr besorgt um dich und möchte, dass dir nichts passiert?"

Leitende Fragen dabei können z. B. sein:

- Wofür könnte es gut sein, dass ...?
- Vielleicht steckt hinter diesem Verhalten ...?
- Inwiefern ist es für dich auch nützlich, dass ...?

Wenn alle ihre Karten beschrieben haben, werden diese in der Mitte des Kreises ausgelegt.

7. Der Schüler bekommt ausreichend Zeit, die neuen möglichen Bedeutungen zu lesen. Er stellt fest, ob es Übereinstimmungen von Vorschlägen gibt, und bündelt die Karten gegebenenfalls zu Clustern.
8. Der Schüler äußert sich dazu, welche der neuen Sichtweisen seinen Blickwinkel auf sein Problem in besonderer Weise erweitert und warum. Er versucht, diesen Aspekt zu berücksichtigen und die eigene Haltung aktiv zu hinterfragen, wenn die Situation das nächste Mal auftritt.

Didaktische Hinweise, Varianten und Tipps

Oft sehen sich Schüler in der Rolle des „Opfers" der Umstände oder des Lehrers. Reframing ermöglicht, sie in die aktive Rolle zu bringen und so ihren Blickwinkel zu verändern.

Die Methode „Reframing" kann sowohl im Klassenverband als auch im Einzel-Coaching durchgeführt werden. In der Gruppe setzt es ein funktionierendes Klassenklima und einen fairen und vertrauensvollen Umgang miteinander voraus, sodass den Mitschülern an echter Hilfe gelegen ist. Es kann dann zugleich der Festigung der Klassengemeinschaft dienen und gibt den einzelnen Schülern darüber hinaus ein Feedback der Klassenkameraden.

Wird Reframing im Klassenverband eingesetzt, stellt man häufig fest, dass die Selbsteinschätzung und die Fremdwahrnehmung durch die Gruppe erheblich divergieren.
Häufig ist das Feedback der Gruppe deutlich positiver als die eigene Beurteilung. Durch die „Neurahmung" der als problematisch geschilderten Lage kommt es zu einer Annäherung innerhalb der Klasse und häufig auch zu gegenseitigen Hilfsangeboten.

Im Einzel-Coaching kann Reframing dem konkreten Abbau von (Lern-)Blockaden dienen. Allein durch das Interesse des Coaches wird die Verweigerungshaltung aufgeweicht und Interesse und Neugier aufseiten des Schülers werden geweckt.

Der Coach muss dabei (je nach Alter und sozialer Kompetenz der Schüler) nicht unbedingt der Lehrer oder Klassenlehrer sein, auch Schüler können diese Rolle durchaus einnehmen.

Paradoxes Fragen

LEHRERHINWEIS

Ziele/Kompetenzen:	Der Schüler gewinnt über die „Kopfstand-Methode" eine neue Perspektive auf sein Problem.
Alter:	ab Klasse 7
Möglicher Einsatz:	Verfestigte „Problemroutine"

Zur Methode

Mithilfe der Fragetechnik „Paradoxes Fragen" können Barrieren im Kopf eingerissen werden. Der Coach übernimmt dazu die Rolle eines Advocatus Diaboli und dreht die Aufgabe oder das Problem um: Als „Lösung" gilt nicht mehr die Beseitigung des Problems, sondern dessen größtmögliche Verstärkung. Das Ergebnis dieser Befragung kann dann „auf den Kopf" gestellt werden, sodass im Umkehrschluss die wirklich lösungsförderlichen Maßnahmen sichtbar werden.

Ein Beispiel aus der Praxis

Lucas' Fehlzeiten sind im letzten Vierteljahr enorm angestiegen. Auf Befragen seines Lehrers sagt er: „Ich schaff' den Abschluss eh nicht!"

Lehrer: „Wie müsstest du dich denn verhalten, damit du den Abschluss auf keinen Fall schaffst?"
Lucas: (irritiert) „Wie jetzt?"
Coach: „Ja, tun wir doch mal kurz so, dass du alles unternehmen sollst, um den Abschluss in keinem Fall zu schaffen."
Lucas: „Tja, ich müsste weiter schwänzen, zu Hause chillen ..."
Coach: „Und was bedeutet das jetzt für dich?"
Lucas: „Dann pack ich das auf keinen Fall."
Coach: „Dann müsstet du natürlich auch zu Hause wohnen bleiben, oder?"
Lucas: „Na ja, ich könnte mein Verhalten natürlich auch um 180 Grad drehen ..."

Ablauf

1. Der Coach befragt den Schüler nach seinem Problem mit der Leitfrage: „Was müsstest du tun, wie müsstest du dich verhalten, damit dein Problem nach Möglichkeit bestehen bleibt oder sich gar verschlimmert?"
2. Der Schüler entwickelt zunächst Lösungsideen für diese „umgekehrte" Aufgabenstellung.
3. Der Schüler dreht dann diese Ergebnisse auf den Kopf (findet ihr Gegenteil) und leitet daraus konkrete Lösungsideen für sein Problem ab.

Didaktische Hinweise, Varianten und Tipps

Paradoxes Fragen birgt Risiken in sich, da sensible Schüler bisweilen irritiert oder gar verstört auf eine solche Frage reagieren. Diese Fragetechnik ist daher nicht für jeden Klienten geeignet und muss entsprechend vorsichtig verwendet werden. Da Schüler (gelegentlich) dazu neigen, vor ihren Problemen davonzulaufen oder sich der Konfrontation mit ihnen zu verweigern, ist es jedoch ein nützliches Tool, um gerade diese Vermeidungsstrategien bewusst werden zu lassen.
Bei dieser Fragetechnik sind die intakte Beziehung zwischen Coach und Klient sowie das empathische Eingehen des Coaches auf seinen Coachee besonders wichtig.

Fragen nach Ausnahmen

LEHRERHINWEIS

Ziele/Kompetenzen:	Der Schüler forscht bewusst nach Situationen, in denen sein Problem nicht oder nur abgemildert aufgetreten ist, und leitet daraus Lösungsideen ab.
Alter:	ab Klasse 5
Möglicher Einsatz:	Verfestigte „Problemroutine"

Zur Methode

Oft ist es hilfreich, die Frage zu stellen, ob es auch Ausnahmen von einem Problem gibt oder gab, und, falls ja (was fast immer der Fall ist), wann und wo, in welcher konkreten Situation das Problem nicht oder weniger ausgeprägt auftritt bzw. auftrat.
Diese Art des Perspektivwechsels kann dem Schüler eine andere Sicht auf das Problem ermöglichen und seine subjektive Ausweglosigkeit relativieren: Er wird dadurch aus dem Teufelskreis seiner „Problemtrance" geholt.

Ablauf

1. Der Coach befragt den Schüler nach seinem Problem mit der Leitfrage: „Gab es auch schon Situationen, in denen dein Problem nicht aufgetreten ist?"
2. Der Schüler macht sich diese Ausnahmen von seinem Problem bewusst und findet darüber zu Lösungsansätzen.

Didaktische Hinweise, Varianten und Tipps

Diese Fragemethode kann sehr sinnvoll sein, wenn man den Eindruck hat, dass der Schüler in einem Kreislauf gefangen ist, aus dem er subjektiv keinen Ausweg sieht, weil er der Überzeugung ist, es sei praktisch ein „Naturgesetz", dass ihm eine negative Erfahrung immer wieder passiere. Es ist dann hilfreich und entlastend, ihm bewusst zu machen, dass es auch schon Ausnahmen gab.

Ein Beispiel aus der Praxis

Kerstin ist ein etwas unglückliches Kind: Schon ihr Äußeres reizt ihre Klassenkameraden zu abwertenden Äußerungen, in der Klasse ist sie häufig isoliert und sie klagt auch darüber, dass sie „schon immer" ein Mobbingopfer in der Schule gewesen sei. Unter diesen Problemen leiden auch ihre schulischen Leistungen.
Neben einem Gespräch des Klassenlehrers mit der gesamten Klasse und teambildenden Maßnahmen bittet der Coach sie zusätzlich zu einem Einzelgespräch.
In diesem Gespräch geht es vor allem darum, dieses „Schon immer" zu hinterfragen, indem der Coach nach Ausnahmen fragt, d.h. danach, ob es auch Situationen und Momente gegeben habe, in denen sich Kerstin in der Klasse angenommen und gemocht gefühlt habe, und welche dies gewesen seien. Kerstin erzählt daraufhin, dass sie in der Nachbarschaft durchaus positive Kontakte in der Vergangenheit hatte. Im weiteren Verlauf der Coachingsitzungen gilt es dann herauszufinden, welche Aspekte in der Nachbarschaft anders waren, ob Kerstins eigenes Agieren anders war und ob man daraus einige Elemente auf die Schule übertragen könnte.

Die Wunderfrage

LEHRERHINWEIS

Ziele/Kompetenzen:	Der Schüler nähert sich der Lösung seines Problems über eine hypothetische Ausnahme.
Alter:	ab Klasse 5
Möglicher Einsatz:	Verfestigte „Problemroutine"

Zur Methode

Wenn es keine wirklichen Ausnahmen von einem Problem gibt (vgl. S. 51), kann auch eine hypothetische Ausnahme den gewünschten Zweck erreichen und lösungsorientiert wirken. Die sogenannte „Wunderfrage" wurde von dem Psychologen Steve de Shazer (1940–2005) entwickelt und fragt den Klienten danach, was passieren würde, wenn sein Problem wie durch ein Wunder plötzlich gelöst werden würde. Der lösungsorientierte Ansatz dieser Fragetechnik nimmt dem Klienten häufig den Leidensdruck und bietet ihm so die Chance, ohne Druck zu überlegen, wie sein Ziel eigentlich aussehen soll.

Ablauf

1. Der Coach stellt dem Schüler diese Hypothese vor: „Angenommen, es würde in dieser Nacht, während du tief schläfst, ein Wunder geschehen, und dein Problem wäre danach gelöst: Woran würdest du am nächsten Morgen merken, dass dein Problem nicht mehr existiert? Wodurch würden die Menschen in deinem Umfeld merken, dass dein Problem nicht mehr da ist, ohne dass du es ihnen mitteilen musst? Was würde sich für dich alles ändern?"
2. Der Schüler imaginiert den ersehnten Zustand und probiert die Veränderung in der Fantasie aus.
3. Er leitet aus der kreativen Vorstellung Lösungsschritte für sein Problem ab und hält die Teilziele schriftlich fest.

Ein Beispiel aus der Praxis

Alex sagt, dass er Schwierigkeiten habe, morgens pünktlich zur Schule zu kommen. Die Gründe dafür sind vielfältig. Der Coach stellt die Wunderfrage: „Stell dir vor, ab morgen hättest du das Problem nicht mehr, was würde sich dann alles ändern?" Nachdem Alex zunächst die positiven Auswirkungen aufgezählt hat (bessere Leistungen, weniger Ärger in der Schule), wird ihm schnell klar, dass mit der Lösung des Problems auch ein Verzicht einhergeht (z.B. auf nächtliches Computerspielen).
Diese Erkenntnis ist besonders wichtig, um das Ziel langfristig zu erreichen, und sie vertuscht nicht, dass Alex' bisheriges Verhalten auch mit einem Gewinn verbunden war.

Didaktische Hinweise, Varianten und Tipps

Dieses Tool ist gerade bei Mutlosigkeit im Angesicht des Problems oder bei Motivationslosigkeit eine gute Möglichkeit, einen nachhaltigen Perspektivwechsel anzustoßen. Da die Lösung, die im Anschluss an das Gedankenspiel „Wunderfrage" entwickelt wird, jedoch fast immer auch mit einem Verzicht aufseiten des Schülers verbunden ist, sollte ein genauer Plan erarbeitet werden, aus dem hervorgeht, dass das Ziel realistisch und erreichbar ist.

Beziehungen reflektieren + Konflikte lösen

Figuren aufstellen

LEHRERHINWEIS

Ziele/Kompetenzen:	Der Schüler stellt die Konstellation einer Gruppe mit Figuren nach. Er verdeutlicht sich damit seinen Standort in der Gruppe, bestehende Konflikte und gelingende Beziehungen.
Alter:	ab Klasse 9
Material:	Holz- oder Plastikfiguren oder Papieraufsteller (s. Arbeitsblatt, S. 56), ggf. ein größeres Blatt Papier, Haftnotizzettel
Möglicher Einsatz:	Gefühl der Isolation, Konflikte mit Mitschülern

Zur Methode

Das Gespräch, der Dialog, generell: die Kommunikation sind Grundlage und Voraussetzung des Coachings. Wenn Schüler sich innerhalb der Klasse ausgeschlossen fühlen, wenn sie problematische Beziehungen zu Mitschülern unterhalten und insbesondere, wenn Konflikte innerhalb der Familie sie belasten, fällt es ihnen jedoch auch gegenüber einem empathischen Coach oft schwer, ihre Probleme in Worte zu fassen und über ihre Emotionen zu sprechen. Hier bietet es sich an, die Sprache – zunächst – zu umgehen und dem Schüler andere Formen der Darstellung seines Problems vorzuschlagen. Mithilfe von Figuren, die als Stellvertreter der echten Personen fungieren, kann der Coachee seine Beziehungen und die von ihm empfundenen Dimensionen von Nähe und Ferne nachstellen, ohne einer direkten Reaktion ausgesetzt zu sein. Die klärende Wirkung dieser Darstellungsform kann diejenige der diskursiven Näherung an einen Konflikt oft sogar übertreffen. In jedem Fall entstehen Gesprächsimpulse, die der Coach für die weitere Beratung aufgreifen und behutsam nutzen kann.

Ablauf

1. Der Coach überreicht dem Schüler ein Set mit kleinen Figuren. Der Coach bittet den Schüler, sich eine Figur auszuwählen, die ihn selbst repräsentiert, und diese auf einem Tisch oder DIN-A3-Blatt zu platzieren. Die Unterlage steht für den Klassenraum (oder ein Zimmer der Familie) und der Schüler soll zunächst seinen Platz in diesem Raum bestimmen.
2. Im nächsten Schritt platziert er die weiteren Figuren. Je nachdem, wie abstrakt diese gestaltet sind, kann es hilfreich sein, die Namen der Mitschüler bzw. Familienmitglieder auf Haftnotizzettel zu notieren und die Figuren damit zu versehen. Der Coach bittet den Schüler, die Figuren so anzuordnen, dass die Abstände wiedergeben, wie nah/freundschaftlich oder distanziert/feindlich die betreffenden Personen zu ihm stehen.
3. Nachdem der Schüler alle Figuren angeordnet hat, ermuntert ihn der Coach, die Konstellation zu betrachten und in sich hineinzuspüren, was er dabei empfindet.
4. Nach Möglichkeit äußert der Schüler danach, welche Gedanken ihm angesichts der Figurenaufstellung durch den Kopf gehen und welche Veränderung er sich wünscht. Der Coach knüpft an diese Äußerungen durch aktives Zuhören und Nachfragen an und entwickelt mit dem Schüler Möglichkeiten der Veränderung.

Figuren aufstellen

LEHRERHINWEIS

Ein Beispiel aus der Praxis

Leonie fühlt sich in ihrer Klasse isoliert und klagt auch darüber, dass sie verspottet und „gemobbt" würde.
Bei einer Skalierung mit der Frage, wie wohl sie sich in der Schule fühle (1 = „sehr unwohl", 10 = „vollkommen wohl"), kreuzt Leonie die „2" an.
Bei einem Einzelgespräch soll sie mit Holzfiguren ihre Klasse darstellen. Dabei zeigt sich, dass sie die meisten Mitschüler tatsächlich sehr weit entfernt von sich hinstellt. Es gibt aber zwei Schülerinnen in der Klasse, die ihr in der Aufstellung und im übertragenen Sinn „näher stehen" als die anderen.
Dies gibt dem Coach einen neuen Ansatzpunkt: Er ermutigt Leonie dazu, diese beiden Kontakte weiter auszubauen, indem sie sich z. B. nach der Schule mit einer von beiden privat verabredet.
Nach einem weiteren Gespräch nach einer Woche berichtet Leonie, dass es geklappt habe und sich das Verhältnis zu den beiden Schülerinnen nun auch im Unterricht verbessert habe.
Bei einer erneuten Skalierung stellt sich heraus, dass sich Leonie nun schon etwas wohler in der Schule fühlt.

Didaktische Hinweise, Varianten und Tipps

Dieses Tool kann einen Durchbruch bei Schülern bringen, denen es schwerfällt, über schwierige, tabubelastete oder emotional heikle Aspekte zu sprechen. Vorbehalte gegenüber dieser „Spielerei" lassen sich durch die intime Gesprächssituation und durch eine vertrauensvolle Beziehung zwischen Coach und Coachee ausräumen. Gerade bei männlichen Schülern ist hier oft zunächst Überzeugungsarbeit zu leisten, da sie häufiger befürchten, sich lächerlich zu machen.

Als Figuren eignen sich (nicht zu kleine) Holzfiguren oder Plastikfiguren. Es lassen sich auch Papieraufsteller anfertigen (s. Arbeitsblatt, S. 56), die mit Namen oder Symbolen versehen werden können. Wenn die Figuren über ein Gesicht verfügen, kann beim Positionieren zusätzlich berücksichtigt werden, ob sie mit zugewandtem oder abgewandtem Gesicht zum Coachee stehen. Verwendet man Papierfiguren, können diese nach der Aufstellung vom Schüler auf das Blatt aufgeklebt werden. Damit hat man die Konstellation dauerhaft zur Verfügung und kann sie gut mit einer weiteren Aufstellung, die zu einem späteren Zeitpunkt angefertigt wurde, vergleichen.
Bei künstlerisch begabten Schülern kann man diese Aufgabe eventuell auch zeichnerisch lösen lassen.

Der Vorteil dieser Methode, die nicht, wie bei der klassischen Systemaufstellung, mit Menschen als Stellvertreterfiguren arbeitet, ist der geschützte Rahmen des Einzel-Coachings und die zeitliche Flexibilität.

Alternativ zur Figurenaufstellung können Beziehungen auch mit Standbildern oder szenischen Formen zum Ausdruck gebracht werden. Bei diesen Darstellungen kommen zusätzlich körpersprachliche Elemente und Ausdrucksformen ins „Spiel", die dem Coach weitere Hinweise auf das Problem des Schülers geben können und damit weitere Gesprächsimpulse und Interpretationsanregungen bieten. Auch hierbei ist jedoch zu berücksichtigen, dass damit der intime Rahmen des Einzel-Coachings verlassen werden muss.

Figurenaufsteller basteln

ARBEITSBLATT/KOPIERVORLAGE

1. Schneide die Streifen mit den Figuren an den durchgezogenen Linien auseinander. Knicke sie an den gestrichelten Linien, sodass du für jede Figur einen Aufsteller erhältst.
2. Beschrifte die Aufsteller mit Namen und füge gegebenenfalls weitere Hinweise oder Symbole hinzu, die dir für die Darstellung der Beziehungen hilfreich erscheinen.
3. Stelle mithilfe der Figuren die Struktur der Beziehungen in deiner Klasse/deiner Familie bildlich dar.

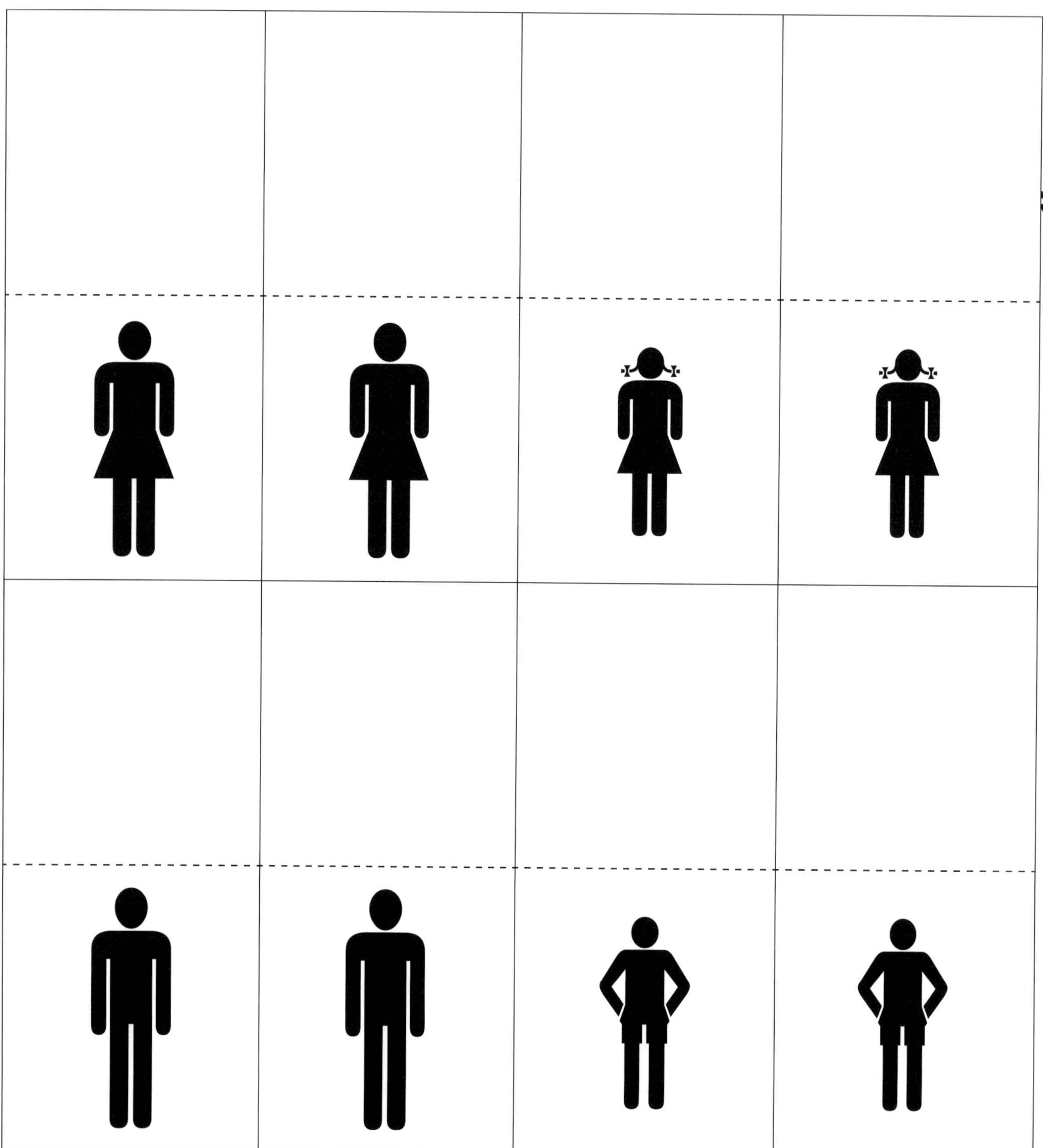

© Verlag an der Ruhr | Autorin: Kerstin Lehmann | ISBN 978-3-8346-2752-0 | www.verlagruhr.de

Soziogramm

LEHRERHINWEIS

Ziele/Kompetenzen:	Der Schüler verdeutlicht sich mithilfe eines Schaubilds seine Beziehungen innerhalb der Klasse. Er reflektiert seine Emotionen und seine Situation in der Klasse.
Alter:	ab Klasse 9
Material:	Arbeitsblatt, S. 58, farbige Stifte
Möglicher Einsatz:	Subjektives Gefühl des Unwohlseins in der Gruppe, Konflikte

Zur Methode

Ein Soziogramm ist eine grafische Darstellung in Form eines Beziehungsnetzes, dass die subjektiven Sympathien und Abneigungen innerhalb einer Gruppe oder Klasse anschaulich darstellt. Die Beziehungen werden dabei durch Pfeile in Rot (Sympathie) und Grün (Antipathie) dargestellt. Ein Soziogramm kann die Position eines einzelnen Schülers in der Klasse verdeutlichen und sichtbar machen. Als Klassensoziogramm erstellt, kann es Außenseiterpositionen herausarbeiten, aber auch die Subjektivität von Wahrnehmungen zeigen. In jedem Fall kann es dem Coach wertvolle Hinweise für seine weitere Arbeit und die sich anschließenden Gespräche geben.

Ablauf

1. Der Coachee erstellt mithilfe des Arbeitsblatts „Soziogramm – Beziehungen darstellen" (S. 58) ein Beziehungsnetz (s. Anleitung auf dem Arbeitsblatt).
2. Der Coach fragt ihn anhand des Soziogramms nach der Intensität und den Affekten in den jeweiligen Beziehungen und nach seiner emotionalen und eventuell auch hierarchischen Stellung zu den anderen. Er bittet den Schüler, zu beurteilen, wie er seine Situation selbst einschätzt. Auch die Geschichte der Beziehungen sollte thematisiert werden.

Ein Beispiel aus der Praxis

Nils fühlt sich in der Klasse völlig isoliert. Er überlegt, den Schulbesuch abzubrechen. Der Coach lässt ein Klassensoziogramm erstellen. Bei der Auswertung zeigt sich, dass Nils zwar in der Tat relativ isoliert ist, es jedoch auch zwei Klassenkameraden gibt, die Sympathien für ihn hegen. Ein weiterer steht ihm zumindest neutral gegenüber.
Hier ergeben sich Anknüpfungspunkte für den Coach: In Absprache mit den Klassenkameraden schlägt der Coach einen Gruppentisch vor.
Nach drei Wochen zeigt sich, dass Nils sich schon deutlich wohler im Unterricht fühlt und sich auch seine Leistungen dadurch langsam stabilisieren.

Didaktische Hinweise, Varianten und Tipps

Dieses Tool eignet sich ebenfalls gut für Jugendliche, die verbal Schwierigkeiten haben, ihre Probleme zu beschreiben, aber auch zur optischen Verdeutlichung dieser Probleme. Wenn man ein Klassensoziogramm veranlasst, kann man die subjektiven Wahrnehmungen miteinander vergleichen. Ein Klassensoziogramm bzw. dessen Auswertung ist allerdings relativ zeit- und arbeitsintensiv. Ein individuelles Soziogramm kann man dagegen schnell erstellen lassen und es bietet dafür viele neue Gesprächsimpulse, mit denen sich dann weiterarbeiten lässt.

Soziogramm – Beziehungen darstellen

ARBEITSBLATT/KOPIERVORLAGE

Erstelle ein Schaubild, das die Beziehungen zu deinen Mitschülern wiedergibt.
Gehe so vor:

a) Überlege, wen in der Klasse du sympathisch und wen du eher unsympathisch findest. (Neben wem möchtest du z. B. am liebsten sitzen?)
b) Positioniere dich selbst mit einem Symbol oder deinem Namen in dem Kasten unten, der für den Klassenraum steht: Wo befindest du dich?
c) Zeichne für jeden Mitschüler einen Punkt in den Kasten und schreibe den Namen darüber. Ordne diejenigen, die dir sympathisch sind, in deiner Nähe an. Mitschüler, die dir nicht so sympathisch sind, platzierst du weiter entfernt von dir.
d) Stelle deine Sympathie durch einen roten Pfeil von dir zu dem entsprechenden Mitschüler dar. Sollte deine Sympathie besonders stark sein, verdeutliche dies durch eine doppelte Linie. Trage einen Doppelpfeil ein, wenn die Zuneigung aus deiner Sicht auf Gegenseitigkeit beruht.
e) Kennzeichne Beziehungen zu Mitschülern, neben denen du nicht sitzen möchtest, in der gleichen Weise mit einem grünen Stift.
f) Sollte deine Beziehung zu einem Mitschüler neutral sein, machst du keinen Strich. Abgebrochene Beziehungen symbolisierst du durch eine abgebrochene Linie. Unterbrochene Beziehungen symbolisierst du durch unterbrochene Linien.
g) Füge, wenn du magst, weitere Symbole hinzu, z. B. Herz, Blitz ...

Die „subjektive Landkarte"

LEHRERHINWEIS

Ziele/Kompetenzen:	Schüler in einer Konfliktsituation schulen sich in Toleranz und gegenseitiger Akzeptanz, indem sie sich ihre eigene subjektive Wahrnehmung der Situation bewusst machen.
Alter:	ab Klasse 7
Material:	Bildvorlagen (vgl. die Vorschläge auf S. 61)
Möglicher Einsatz:	Streit und Missverständnisse unter Schülern, Beharren auf der eigenen Position, mangelnde Kompromissbereitschaft

Zur Methode

Dieses Tool stammt ursprünglich aus dem Neurolinguistischen Programmieren (NLP) und dient insbesondere der Bewusstmachung der eigenen Subjektivität der Wahrnehmung, d. h. der Selbstreflexion. Jeder Mensch hat seine ganz persönliche „subjektive Landkarte" der Welt im Kopf: Jeder verbindet seine ganz persönlichen Vorstellungen und Erwartungen mit bestimmten Begriffen. Diese Vorstellung wird aus individuellen und familiären Erfahrungen, Urteilen und Vorurteilen geformt und beeinflusst so unser Bild der Welt. Diese „Landkarte" beeinflusst aber auch unsere individuelle Wahrnehmung. Was wir wie sehen und einordnen, ist immer subjektiv und persönlich gefärbt, abhängig von dieser persönlichen „Landkarte" der Welt. Sich diese Tatsache immer wieder ins Bewusstsein zu rufen, ist die Voraussetzung für Toleranz und gegenseitiges Verstehen und Akzeptieren. Viele Schüler beharren bei Konflikten auf ihrer Sicht der Dinge, da sie diese für die einzig „richtige" halten. Es ist sehr wichtig, ihnen ihre Subjektivität mithilfe dieser Übung zu verdeutlichen, um danach einen Weg zu gegenseitigem Verstehen zu öffnen und den Konflikt lösungsorientiert und konstruktiv bearbeiten zu können.

Ablauf

1. Der Coach schlägt zwei oder mehr Schülern, die sich im Konflikt befinden, eine „neuartige" Übung zur Lösung des Konflikts vor: Sie müssten sich nicht weiter im Gespräch rechtfertigen, es reiche, wenn sie alle dieselbe Zeichnung anfertigten.
2. Der Coach wählt eine Bildvorlage aus (vgl. S. 61) und achtet darauf, dass die Schüler diese nicht einsehen können. Er beschreibt den Schülern, was auf dem Bild zu sehen ist, bzw. benennt den Gegenstand.
3. Die Schüler erstellen ihre Zeichnungen.
4. Der Coach lädt die Konfliktparteien jeweils ein, das Ergebnis des „Kontrahenten" zu betrachten. Er fordert sie auf, Gemeinsamkeiten und Unterschiede der Zeichnungen zu benennen und nach den Gründen für die Abweichungen zu forschen.
5. Im abschließenden Gespräch regt der Coach an, die gewonnene Erfahrung auch auf die Meinungsverschiedenheiten auszuweiten.

Die „subjektive Landkarte"

LEHRERHINWEIS

Ein Beispiel aus der Praxis

Suad und Mohammad haben immer wieder kleinere Konflikte miteinander, die leider auch den Unterricht negativ beeinflussen. Die Konflikte sind nie dramatisch, doch kontinuierlich gibt es kleinere Streits und Missverständnisse.
Der Coach lädt beide Schüler zu einem gemeinsamen Gespräch ein. Jeder der beiden beharrt dabei darauf, vom jeweils anderen provoziert zu werden.
Die einzelnen Fälle werden geschildert und das Gespräch droht, in unendlichen gegenseitigen Anschuldigungen zu enden.
Statt sich in die Rolle des „Schiedsrichters" bei den einzelnen Konflikten drängen zu lassen, wählt der Coach die Möglichkeit, den beiden Kontrahenten die Subjektivität ihrer jeweiligen Wahrnehmung bewusst zu machen, um danach die Möglichkeit zu haben, eine konstruktive Lösung des Konfliktes zu erarbeiten. Er lädt Suad und Mohammad ein, nach seiner Beschreibung das gleiche Bild zu zeichnen. Nach anfänglicher Irritation gegenüber dem unerwarteten neuen Ansatz erkennen beide, dass es keine eindeutig „richtige" Lösung der Aufgabe gibt, sondern jeder die Aufgabe nach seiner persönlichen inneren Landkarte „richtig" gelöst hat.
Dieser Gedankenanstoß wird nun auf die bestehenden Konfliktsituationen übertragen. Nach drei Wochen berichtet der Klassenlehrer, dass es zwar manchmal noch kleinere Reibereien gibt, die Konflikte jedoch in der Regel schneller als vorher wieder behoben werden können und die beiden Kontrahenten sich in der Pause sogar stressfrei unterhalten hätten.

Didaktische Hinweise, Varianten und Tipps

Natürlich ist ein solches Tool kein Wundermittel. Trotzdem ist es meistens sinnvoller, die festgefahrenen Vorstellungen der Schüler zu erschüttern, als sie sich weiter in gegenseitigen unkonstruktiven Anschuldigungen ergehen zu lassen.
Zudem dient das Tool der Selbsterkenntnis und Selbstreflexion, beides unabdingbare Voraussetzungen für die Akzeptanz anderer Vorstellungen und Meinungen. Erst wenn mir bewusst ist, welche unbewussten Meinungen und Vorstellungen ich selbst habe, bin ich auch in der Lage, abweichende Meinungen zu tolerieren.
Gerade bei scheinbar unlösbaren Situationen ist dieses Tool durch seinen überraschenden Charakter in der Lage, neue Gesprächsimpulse zu setzen.
Besonders bei Schülern, die Schwierigkeiten mit der verbalen Konfliktlösung haben, ist der gestalterische Aspekt darüber hinaus oftmals der Ausweg, um eine vorhandene Blockade in der Konfliktarbeit zu lösen. Vorbehalte der Schüler á la „Was soll das denn jetzt?" muss der Coach behutsam ausräumen, z. B. mit dem Hinweis auf die geschützte Gesprächssituation.

Wichtig ist bei diesem Tool erstens, dass das Motiv, das gezeichnet werden soll, möglichst einfach und geläufig ist (z. B. Baum, Haus, Auto), um dem Einwand „Ich kann nicht malen!" entgegenzutreten. Zweitens sollte der Coach darauf hinweisen, dass es keine richtige Lösung gibt, sondern dass jeder die Anweisung nach seiner Vorstellung umsetzen soll. Daher ist es auch sinnvoll, Nachfragen nach der Umsetzung des Bildes nicht zuzulassen.

Wichtig ist ebenfalls, danach die unterschiedlichen Ergebnisse zu diskutieren und zu reflektieren, was dieses Experiment für das gegenseitige Miteinander bedeutet. Daher kann man dieses Tool auch gut im Klassenverband im Rahmen einer Verfügungsstunde oder einer Einführungswoche einsetzen, um die gegenseitige Toleranz in der Klasse zu stärken.

Bildvorschläge für die Übung „Die subjektive Landkarte"

LEHRERHINWEIS

Familienstammbaum

LEHRERHINWEIS

Ziele/Kompetenzen:	Der Schüler reflektiert die Geschichte seiner Familie. Er eröffnet sich Kommunikationswege zu Angehörigen und erhält Einblick in Verhaltensmuster und Prägungen.
Alter:	ab Klasse 5
Material:	Arbeitsblatt (S. 64)
Möglicher Einsatz:	Belastungen durch Schweigen in der Familie aufgrund traumatischer Erfahrungen, unausgesprochene Konflikte, Bewusstwerden der eigenen Wurzeln und positiver familiärer Erlebnisse

Zur Methode

Viele Schüler bringen bereits ein „Päckchen" aus ihrer individuellen Familiengeschichte mit, wenn sie zu uns kommen. Es kann schockierend sein, welche Familiengeschichten zutage treten, wenn man sich bemüht, Probleme einmal tiefer zu hinterfragen. Flucht, Migration und Repressalien im Heimatland sind nur Beispiele dafür.

Auf der anderen Seite ist es ebenso schockierend, dass in vielen Familien offenbar gar nicht über die Geschichte der eigenen Familie gesprochen wird: Einige Kinder kennen noch nicht einmal den Vornamen ihrer Großeltern, noch wissen sie, in welcher Stadt, in welchem heutigen Land ihre Eltern geboren wurden.

Diese Sprachlosigkeit in den Familien verursacht viele Probleme: Die Kinder wissen nichts über ihre Wurzeln (häufig auch nichts über traumatische Erlebnisse ihrer Eltern) und wenig über ihre eigene Kultur. Die Eltern wollen ihre Kinder schützen oder sind mit ihrem alltäglichen Leben beschäftigt, sodass sie nichts erzählen können oder wollen.

Ein Familienstammbaum bietet hier wieder neue Anknüpfungspunkte für ein innerfamiliäres Gespräch. Oft werden „Muster" (z. B. „Verlassenwerden", „Gewalt" oder „Abhängigkeit") innerhalb einer Familie dabei deutlich, aber auch positive Aspekte wie musische Talente oder naturwissenschaftliche Begabungen oder Risikofreudigkeit und Abenteuerlust.

Ablauf

1. Der Coachee versucht, einen Familienstammbaum anzulegen. Je nach Alter des Schülers, seinen familiären Verhältnissen und seiner Vorgeschichte wird er vom Coach darin bestärkt, sich die dafür notwendigen Informationen in seiner Familie zu erfragen.
2. Der Schüler nutzt die Anregungen auf dem Arbeitsblatt „Meine Familie – Einen Stammbaum anfertigen" (S. 64) und versucht, die entsprechenden Informationen zu erhalten. Er kommt darüber mit Familienangehörigen ins Gespräch.
3. Der Coach begleitet den Fortschritt der Grafik und steht für Gespräche über die gegebenenfalls neuen Erkenntnisse des Schülers zur Verfügung.
4. Der Coach befragt den Schüler mit der nötigen Vorsicht dazu, was die Erkenntnisse über seine Familie bei ihm auslösen.

Familienstammbaum

LEHRERHINWEIS

Ein Beispiel aus der Praxis

Kervans Familie lebt seit acht Jahren in Deutschland. Sie sind Roma aus Rumänien. Kervans Verhältnis zu seinem Vater ist angespannt, sein Vater redet wenig mit ihm und hat auch wenig soziale Kontakte außerhalb der Familie.
Die Familie lebt zurzeit von der Sozialhilfe, d.h., sie hat auch keine Kontakte durch die Arbeit.
Bei einem Gespräch im Unterricht stellt sich heraus, dass Kervan so gut wie nichts über seine Familie, Familiengeschichte oder seine Heimatstadt weiß. Kervans Eltern reden nicht mit ihm über die Zeit in Rumänien und Kervan selbst weiß so gut wie nichts mehr darüber, weil er bei der Einwanderung noch zu klein war, um sich zu erinnern.
Bei der Erstellung des Familienstammbaums ergibt sich für den Jungen erstmals ein Gespräch mit seinen Eltern über die Geschichte der Familie:
Der Vater erzählt Kervan von den Gründen, Rumänien zu verlassen, und von der Isolation der Familie dort, aber auch von den landschaftlichen Schönheiten.
Kervan erkennt, dass die Sprachlosigkeit seines Vaters mit der Geschichte seiner Familie in Rumänien verbunden ist und nichts mit ihm selbst zu tun hat.
Inzwischen befragt er von sich aus andere Familienangehörige nach weiteren Details der Familiengeschichte und interessiert sich auch für die Geschichte und Kultur seines Heimatlandes.

Didaktische Hinweise, Varianten und Tipps

Wir alle sind Teil unserer Familien. Oftmals werden bestimmte Dinge innerhalb einer Familie totgeschwiegen oder wir erfahren überhaupt nichts über unsere Vorfahren. Trotzdem haben auch deren Erfahrungen uns geprägt und sind ein Teil von uns.
Bei der Erstellung eines solchen Familienstammbaums geht es daher einerseits um Selbsterfahrung, andererseits aber auch darum, den Familien neue Gesprächsimpulse zu geben.
Bei der Auswertung braucht der Coach Fingerspitzengefühl und Sensibilität. Er sollte auch die Beziehungen der einzelnen Familienmitglieder zueinander hinterfragen und das Augenmerk auf bestimmte Beziehungsmuster legen: War etwa die Vater-Sohn-Beziehung schon in der Elterngeneration problematisch? Gab es traumatische Erlebnisse?
Bei ernsthaften Traumata eines Schülers (z. B. Missbrauch) sollte der Coach in jedem Fall einen geeigneten Psychologen empfehlen.
In weniger dramatischen Fällen bietet dieses Tool eine Fülle von Gesprächsimpulsen und Gedankenanstößen für den Klienten, sich einmal intensiv mit der eigenen Geschichte auseinanderzusetzen.

Meine Familie – Einen Stammbaum anfertigen

ARBEITSBLATT/KOPIERVORLAGE

1. **Versuche einen Stammbaum deiner Familie zu erstellen.**
   Du kannst so vorgehen:
   a) Nutze die unten stehende Skizze und erweitere sie oder lege eine eigene Zeichnung auf einem DIN-A4-Blatt an.
   b) Trage dich selbst (und deine Geschwister) unten am Stamm des Baums ein. Schreibe die Namen in die Kästen und klebe Kopien von Fotos ein, wenn du welche bekommen kannst.
   c) Ergänze dann nach und nach deine Eltern, Onkel, Tanten, Cousins und Großeltern. Wenn dir Informationen fehlen, überlege, wen aus deiner Familie du danach fragen könntest.
   d) Familienmitglieder, die bereits verstorben sind, kannst du durch ein Kreuz vor ihrem Namen kennzeichnen.
   e) Notiere auch die Städte, in denen die einzelnen Mitglieder deiner Familie geboren sind.

2. **Betrachte den Stammbaum. Was fällt dir auf? Was weißt du über das Leben deiner Familie?**

3. **Schreibe auf, wie deine Eltern sich kennengelernt haben.**

Abb.: Malte Knaack

Der leere Stuhl

LEHRERHINWEIS

Ziele/Kompetenzen:	Der Schüler führt ein Konfliktgespräch als Rollenspiel durch. Er versetzt sich in die Rolle des Konfliktgegners und wägt Argumente gegeneinander ab.
Alter:	ab Klasse 8
Material:	3 Stühle
Möglicher Einsatz:	Konflikte in der Schule oder Familie, Vorbereitung auf ein Konfliktgespräch, Bedenken gegenüber einer unmittelbaren Konfrontation

Zur Methode

Diese Technik stammt aus der Gestalttherapie. Sie enthält „schauspielerische" Elemente, die es ermöglichen, auch körpersprachlichen Ausdruck mit einzubringen.
„Der leere Stuhl" steht für die Person, mit der der Schüler ein Problem oder einen Konflikt hat. Auf diese Weise können Probleme „probegelöst" werden, ohne dass die betreffende Person anwesend ist bzw. ohne dass Konflikte eskalieren.
Der Coachee kann auf diese Weise verbal und nonverbal imaginär mit dem Menschen (oder auch mit dem Teil von dessen Persönlichkeit), der ihm Probleme macht, sprechen oder die Gespräche zunächst virtuell üben.
Zusätzlich hilft es ihm, sich in die Rolle des vermeintlichen „Gegners" zu versetzen. Dieses Tool fördert so das gegenseitige Verständnis.

Ablauf

1. Der Coach stellt drei Stühle in einem Dreieck auf: Einen Stuhl für den Schüler, einen Stuhl für den Coach und einen für die Person, mit der der Klient den Konflikt hat.
2. Der Klient redet jetzt mit dem leeren Stuhl und erklärt ihm, was ihn an „ihm" stört.
3. Der Coach kann nach einer Weile als Erweiterung anregen, dass der Coachee sich selbst auf den Stuhl des Konfliktgegners setzt und etwas auf seine eigenen „Anklagen" aus der Sicht des anderen erwidert.
4. Dies wird so lange wiederholt, bis alles gesagt ist bzw. alle Argumente gegenseitig ausgetauscht wurden.

Didaktische Hinweise, Varianten und Tipps

Eventuelle Vorbehalte gegen das „Schauspielern", die gerade bei Jungen vorhanden sein können, lassen sich mit Hinweis auf die geschützte Atmosphäre der intimen Gesprächssituation zwischen Coach und Coachee ausräumen.
Das Sich-Hineinversetzen in die Situation des Konfliktgegners wirkt häufig Wunder: Barrieren werden so aufgeweicht, festgefahrene Positionen werden gelockert, indem man die Situation des scheinbaren „Gegners" nun besser nachvollziehen kann und den Konflikt mit dessen Augen sieht.
Dies ermöglicht das Eingehen auf den anderen, welches Voraussetzung für echte Kommunikation und damit für eine Lösung des Problems ist.

Der leere Stuhl

LEHRERHINWEIS

Ein Beispiel aus der Praxis

Meral stammt aus der Türkei und hat große Probleme mit ihrem Vater, der sie streng erzieht und ihr wenig Freiheiten lässt. Der Coach wendet die Technik des „leeren Stuhls" an, d.h., Meral soll mit ihrem Vater, symbolisiert durch den leeren Stuhl, sprechen, um mehr Freiraum für sich zu erkämpfen.

Als Meral in die Rolle ihres Vaters schlüpft, erkennt sie, dass er große Ängste davor hat, dass sie mit der vergleichsweise großen Freiheit in Deutschland nicht umgehen kann. Das hilft ihr einerseits, ihren Vater besser zu verstehen, andererseits kann sie so argumentativ auf seine unausgesprochenen Ängste eingehen.

Das Spielen des Dialogs ermöglicht ihr, bei dem realen Gespräch, das zwei Wochen später stattfindet, ruhig und sachlich zu bleiben, und sie erreicht, dass ihr Vater ihr etwas mehr Freiraum lässt.

In der Schule hat Meral ebenfalls (vielleicht resultierend aus ihrer familiären Erfahrung) Schwierigkeiten, sich gegenüber den Jungen im Unterricht durchzusetzen.

Wieder führt der Coach mit ihr die Übung des „leeren Stuhls" durch und „setzt" den größten Macho der Klasse auf den dritten Stuhl.

Als sich Meral in die Rolle von Ruslan versetzt, erkennt sie auch hier recht schnell dessen Unsicherheit, vor allem bei Mädchen.

In verschiedene Rollen schlüpfen

LEHRERHINWEIS

Ziele/Kompetenzen:	Der Schüler übernimmt die Rolle einer Person, mit der ihn eine problematische Beziehung verbindet. Er schult sich darin, die Perspektive eines anderen nachzuvollziehen.
Alter:	ab Klasse 9
Möglicher Einsatz:	Konflikte in der Schule oder Familie, Vorbereitung auf ein Konfliktgespräch, Bedenken gegenüber einer unmittelbaren Konfrontation

Zur Methode

Bei Schwierigkeiten auf der Beziehungsebene kann es sehr hilfreich sein, sich geistig und darstellerisch in eine andere Person hineinzuversetzen. Diese Übung erfordert kein großes schauspielerisches Talent, da es weniger um die gestalterische Leistung geht, als um die geistige Auseinandersetzung mit dem anderen.
Ähnlich wie bei der Methode „Der leere Stuhl" (S. 65 f.) liegt der Schwerpunkt dieses Tools auf dem Perspektivwechsel und dem „Sich-Hineinversetzen" in die Gedankenwelt der Person, mit der es Beziehungsprobleme gibt. In der Regel nehmen Schüler die Gedanken eines anderen intuitiv (z. B. durch körpersprachliche Signale, Mimik und Gestik des Gegenübers) wahr, d. h., oft wissen sie, was in der anderen Person vor sich geht, sprechen es aber nicht aus, und so verbleibt es zum großen Teil im Unbewussten und Unreflektierten.
Durch den Perspektivwechsel wird der Coachee aufgefordert, dass intuitiv aufgenommene Wissen auszusprechen: Welche Erwartungen, Gefühle und eventuell auch Verletzungen liegen bei dem Gegenüber vor?
Durch das Rollenspiel kann sich der Coachee nun fiktiv verbal mit diesen unausgesprochenen Voraussetzungen auseinandersetzen. Dies fördert einerseits das gegenseitige Verständnis und ermöglicht andererseits ein deutlich konstruktiveres Gespräch mit dem Konfliktpartner im Anschluss an das Rollenspiel.

Ablauf

1. Der Schüler schildert dem Coach im Gespräch, um welches Problem es geht, welche Person daran beteiligt ist, wie sich das Problem aus seiner (des Schülers) Sicht darstellt und in welchen Situationen das Problem regelmäßig wiederkehrt.
2. Der Coach fordert den Coachee auf, sich in die Rolle desjenigen zu begeben, der an dem Konflikt beteiligt ist, die Situation aus dessen Sicht zu schildern und Fragen des Coaches zum Konflikt zu beantworten. Dabei soll der Schüler sich in die Rolle möglichst intensiv hineinbegeben und die andere Person in all ihren Facetten wahrnehmen und darstellen.
3. Nachdem der Schüler wieder aus der Rolle herausgegangen ist, fragt ihn der Coach, inwiefern dieser Perspektivwechsel seine Sicht auf den Konflikt erweitert hat und was er möglicherweise an seinem eigenen Verhalten ändern könnte, um die Situation zukünftig zu verbessern oder abzumildern.

In verschiedene Rollen schlüpfen

LEHRERHINWEIS

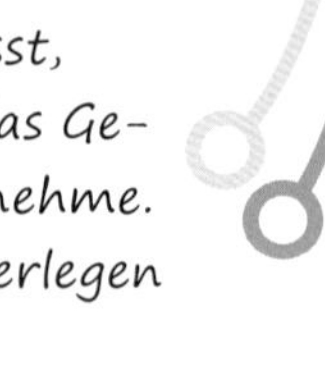

Ein Beispiel aus der Praxis

Jana hat große Probleme mit einem Kollegen. Bei einem Gespräch gibt sie an, Herr X „habe sie auf dem Kieker", er ermahne sie oft, ohne dass sie etwas gemacht habe, er sei ungerecht zu ihr und nehme sie auch im Unterricht schon gar nicht mehr dran, obwohl sie sich melde.
Der Coach bittet sie daraufhin, die Rolle von Herrn X zu übernehmen.
Als „Herr X" dann vom Coach gefragt wird, wie er die Situation beurteilt, sagt Jana in seiner Rolle, er fühle sich von Jana oft nicht ernst genommen.
Als Jana die Rolle dann wieder verlässt, fragt der Coach sie, wie sie Herrn X das Gefühl geben könne, dass sie ihn ernst nehme. Sie sagt, dass sie sich das zu Hause überlegen würde.
Bei einem Nachgespräch einige Zeit später gibt sie an, dass Herr X nun deutlich entspannter mit ihr umgehe, obwohl sie ihn nicht angesprochen habe.
Auch Herr X gibt bei einer vorsichtigen Nachfrage des Coaches an, das Verhältnis habe sich verbessert.

Didaktische Hinweise, Varianten und Tipps

Je nach Konflikt kann die Rolle, in die der Schüler schlüpft, variieren: Ein Lehrer, der Direktor, ein Mitschüler, die Eltern oder Freunde.
Oft erkennt der Schüler erst im Spiel, dass es viele unausgesprochene Aspekte des Konfliktes gibt, die der Schüler jedoch durchaus intuitiv erkannt hat.
Häufig bietet der Perspektivwechsel durch das Rollenspiel auch ohne ein anschließendes Gespräch, allein durch das veränderte Verhalten des Schülers, die Chance, eine verfahrene Situation aufzubrechen.
Erstaunlich ist dabei die Fülle des intuitiven Wissens, das viele Schüler über die Gefühlslage der entsprechenden Person haben.
Durch das Verbalisieren der „gegnerischen" Erwartungen und Gefühle wird dieses intuitive Wissen reflexiv nutzbar, und da sich der Schüler in seinem Verhalten verändert, verändert und verbessert sich im besten Fall auch die Konfliktsituation.
Sollte dies nicht passieren, bietet sich im Anschluss an das Rollenspiel immer noch die Chance, das Spiel als Vorbereitung eines Konfliktgesprächs zu sehen, um die Situation doch noch zu verbessern. Das Verständnis für die Situation des anderen führt in jedem Fall zu einer deutlich positiveren Ausgangssituation für die Konfliktlösung.

Teambildung + Kommunikation

Bildkarten

LEHRERHINWEIS

Ziele/Kompetenzen:	Die Schüler wählen ein Bild aus, das sie anspricht. Sie äußern in einer Gruppe ausgehend von dem Bildimpuls ihre Gedanken und Gefühle. Sie stärken das Klassenklima durch Nachfragen bei ihren Mitschülern.
Alter:	ab Klasse 5
Material:	Karten mit verschiedenen Bildmotiven
Möglicher Einsatz:	Kennenlernphase und Teambildung, Einstieg und begleitende Ergänzung in Unterrichtsreihen (z. B. lyrische Texte)

Zur Methode

Mit Bildkarten lassen sich sehr gut Gesprächsimpulse setzen. Sie können Schülern, die im Fachunterricht überwiegend aufgefordert werden, Texten Informationen zu entnehmen, einen weiteren Zugang zu Themen und Zusammenhängen bieten. Bildkarten lassen sich daher gut ergänzend im Fachunterricht einsetzen, die Methode eignet sich aber auch sehr gut zur Stärkung von sozialen Kompetenzen, z. B. in Klassen, die sich gerade kennenlernen. Die Schüler können dabei selbst entscheiden, wie viel Persönliches sie – angeregt durch einen Bildimpuls – von sich mitteilen. Dennoch werden die Mitschüler in der Regel eine Menge über ihre neuen Klassenkameraden erfahren.

Ablauf

1. Der Coach legt laminierte Bildkarten offen im Klassenraum aus und fordert die Schüler auf, sich jeweils eine Bildkarte, die sie besonders anspricht, auszusuchen. (Es empfiehlt sich, eine größere Auswahl von Motiven bereitzuhalten, zunächst jedoch nicht zu viele Karten auszulegen, um eine Überforderung der Schüler zu vermeiden. Je nach Lerngruppe können die Auswahlmöglichkeiten in einer zweiten Runde erweitert werden.)
2. Nach der Auswahl der Bildkarten begründet jeder Schüler ausführlich, warum ihn gerade diese Karte angesprochen hat und welche Gedanken und Gefühle das Bild bei ihm ausgelöst hat.
3. Die Mitschüler tauschen sich (im Plenum oder in kleineren Gruppen) über Unterschiede und Gemeinsamkeiten ihrer Wahrnehmungen aus.

Bildkarten

LEHRERHINWEIS

Ein Beispiel aus der Praxis

Bildkarten habe ich u.a. in der Kennenlern- und Teambildungsphase im Klassenverband eingesetzt. Durch die Bildkarten kam es zu zum Teil sehr persönlichen Aussagen der Schüler, die einen recht tiefen Einblick zuließen.
Ein weiterer (eher fachlicher) Einsatzbereich kann aber auch (je nach Motivauswahl) der Zugang zu Literatur und Lyrik sein. Auch hier bieten die Bildkarten durch ihren eher emotionalen Bezug eine Möglichkeit, die Sprach- und Ratlosigkeit vieler Schüler angesichts literarischer Texte zu überwinden. Landschaftsaufnahmen zu verschiedenen Jahreszeiten oder Gesichtsausdrücke, die Emotionen widerspiegeln, wären hier besonders geeignet.
In einer 7. Klasse habe ich z.B. Bilder von Bäumen, die in den unterschiedlichen Jahreszeiten aufgenommen wurden, für die Unterrichtsreihe „Naturlyrik“ eingesetzt. Die Klasse hatte zunächst sehr wenig Bezug zu zwei Herbstgedichten von Rainer Maria Rilke, die sie gelesen hatten. Ein herbstliches Foto (Nebel, Bäume im herbstlichen Zwielicht) und etwas melancholische Musik erleichterten hier den Zugang erheblich. Die Schüler notierten, während die Musik lief, ihre eigenen Gedanken zu dem Foto und verglichen diese dann mit Rilkes lyrisch verdichteten Eindrücken. Erstaunt erkannten die Schüler ihre Empfindungen in den Worten des Dichters wieder, die Blockade war gebrochen.
In Unterrichtsreihen zu dramatischen Texten eignen sich gut Fotografien von Gesichtern, um ein Bewusstsein für Mimik und Körpersprache zu wecken.

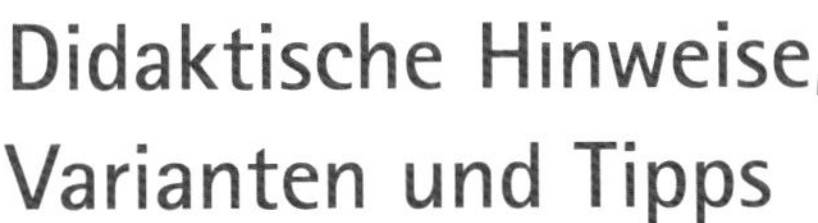

Didaktische Hinweise, Varianten und Tipps

Die Herstellung solcher Bildkarten ist recht einfach: Am besten fotografiert man unterschiedliche Motive (Menschen, Landschaften, Gegenstände etc.) und laminiert anschließend die entsprechenden Fotos zur besseren Haltbarkeit der Bildkarten.
Natürlich kann man auch Bildkarten im Buchhandel kaufen oder Motive aus Zeitschriften ausschneiden und laminieren. Besonders künstlerisch begabte Kollegen können die Motive vielleicht sogar selbst zeichnen oder malen.

Bildkarten sind vielfältig einsetzbar und – einmal angefertigt – auch rasch und ohne große Vorbereitungszeit zu verwenden. Natürlich ist ihre Herstellung zunächst etwas aufwändig, jedoch kann man sich nach und nach einen kleinen Vorrat solcher Bilder anlegen (vielleicht auch mit einigen Kollegen zusammen) und diesen dann weiter ergänzen.
Gerade stillere Schüler werden auf diese Weise zu Selbstaussagen ermutigt, und Schüler, die sich z.B. im Umgang mit Literatur schwertun, erleben so einen anderen Zugang zu diesen Texten.

Es ist selbstverständlich, dass jeder Schüler gerade bei den Selbstaussagen eigenständig entscheidet, was und wie viel er von sich vor der Klasse preisgeben will. Auch hier ist es wieder eine Frage des Fingerspitzengefühls seitens des Coaches, schüchterne Schüler dazu zu ermutigen, zu sagen, warum sie gerade dieses oder jenes Bild besonders angesprochen hat.

Skalieren

LEHRERHINWEIS

Ziele/Kompetenzen:	Die Schüler positionieren sich nach unterschiedlichen Aspekten auf Skalen und schulen dadurch ihre Selbsteinschätzung.
Alter:	ab Klasse 5
Material:	Arbeitsblatt (S. 74), ggf. Flipchart und Klebepunkte, Kreide, Kreppstreifen oder Seil
Möglicher Einsatz:	Auflockerung und Aktivierung von Gruppen, Kennenlernphase und Teambildung, Kommunikation über Unterrichtsinhalte und -methoden

Zur Methode

Die Methode „Skalieren" fordert die Schüler auf, sich in Bezug auf einen bestimmten Aspekt auf einer Skala einzuordnen. Die Schüler entscheiden, welcher Wert, z. B. auf einer Skala von 1 bis 10, auf sie zutrifft. Eine Skalierung kann sowohl dazu dienen, sich die eigene Position bewusst zu machen, als auch dazu, sich in einer Gruppe zu „positionieren". Die Schüler können ihre Wahl jeder für sich auf einem Blatt markieren (s. Arbeitsblatt, S. 74). Eine größere Aktivierung der Gruppe findet allerdings statt, wenn die Skalierung auf einer Linie im Raum erfolgt, auf der die Schüler sich aufstellen, oder wenn die Skala auf einem Flipchart aufgetragen wird und die Schüler nacheinander darauf ihre Einschätzung mit Klebepunkten kennzeichnen. Eine weitere Variante der Skalierung bietet auch eine Dartscheibe, die man auf ein großes Plakat zeichnen kann und auf der die Schüler dann ihre Einschätzung per Klebepunkt markieren.
Dieses Tool eignet sich auch gut als Übung vorab bei anderen Tools oder im Nachhinein zur Erfolgskontrolle der Coachingsitzungen.

Ablauf

1. Für die Durchführung im Klassenraum zieht der Coach entweder einen Kreidestrich auf dem Boden, legt ein Seil auf den Boden aus oder markiert mit Malerkrepp einen Streifen im Klassenraum. Er kennzeichnet die Skalenwerte 1 bis 10 an der Linie. Alternativ stellt er ein Flipchartpapier mit der Skala auf oder verteilt die Arbeitsblätter mit den Skalen (vgl. S. 74).
2. Dann stellt der Coach die Aufgabe der Skalierung, z. B.: „Bewertet bitte eure Zufriedenheit mit der Schule [dem Klassenklima/der Gruppenarbeit ...] von 1 (gar nicht zufrieden) bis 10 (überaus zufrieden)."
3. Die Schüler stellen sich ihrer Einschätzung entsprechend auf der Linie auf, bepunkten den Flipchart oder markieren ihren Wert auf dem Arbeitsblatt.
4. Der Coach bittet eventuell Schüler, die sich auf „Extremwerten" positioniert haben, ihre Entscheidung zu begründen. Er wertet gemeinsam mit den Schülern das Ergebnis der gesamten Gruppe aus und stellt fest, welche Handlungsoptionen zur Veränderung sich bieten.

Skalieren

LEHRERHINWEIS

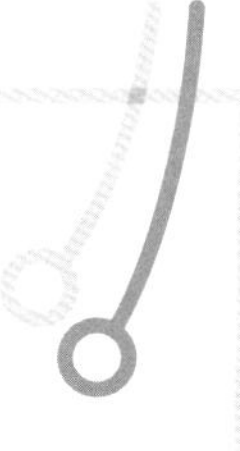

Ein Beispiel aus der Praxis

In einer Realschulklasse habe ich eine Variante dieses Tools, die soziometrische Aufstellung, einmal zum besseren gegenseitigen Kennenlernen der Schüler eingesetzt. Zur Vorbereitung hatte ich mir eine alte Wandkarte von Europa aus der Geografie ausgeliehen: Die Schüler sollten sich dann zunächst auf ihren Geburtsort auf der Karte stellen. „Außereuropäische" Schüler sollten sich auch außerhalb der Karte positionieren, etwa dort im Klassenraum, wo sie ihr Land in Bezug auf Europa vermuteten.
Neben den sich automatisch ergebenden Gesprächen über ihren Herkunftsort ergaben sich auch diverse Gespräche über die genaue geografische Verortung der Städte. In einem zweiten Schritt sollten die Schüler sich dann auf den Geburtsort ihrer Eltern stellen.
Eine Weltkarte mit den Umrissen der Kontinente, von mir mit Kreide grob auf den Fußboden gezeichnet, gab den Schülern noch einmal einen anderen Blick auf die Herkunft der einzelnen Klassenkameraden. Die zukünftige Umgehensweise mit der Multikulturalität der Klasse wurde so automatisch zum Thema.

Didaktische Hinweise, Varianten und Tipps

Soziometrische Aufstellungen wie im Praxisbeispiel kann man recht einfach im Klassenzimmer durchführen. Man kann dabei die Schüler dazu auffordern, sich eine imaginäre Landkarte oder einen Stadtplan vorzustellen, oder man weist den Ecken des Klassenzimmers die vier Himmelsrichtungen zu. Übungen dieser Art eignen sich gut zum Aufwärmen in Gruppen, die sich noch nicht sehr gut kennen.

Gut lassen sich Skalierungen auch zur „Erfolgskontrolle" einsetzen, indem man sie erneut nach Ablauf einer bestimmten Zeitspanne durchführt, um zu sehen, ob sich etwas an einer Problemlage oder Einschätzung verändert hat.

Skalieren ist zu vielen Aspekten möglich (z. B. Alter der Schüler, Vorerfahrungen mit der englischen Sprache o. Ä.). Das Verständnis eines fachlichen Zusammenhangs lässt sich so kurz und effektiv erfragen und evaluieren. Auch die Zufriedenheit der Lerngruppe mit dem eigenen Unterricht lässt sich so abfragen: Aufgrund der dabei notwendigen Anonymität würde ich dabei jedoch die Skalierung auf einem Arbeitsblatt bevorzugen.

Je nach Aufgabenstellung muss man entscheiden, ob die Skalierung besser im Klassenraum oder anonymer auf Papier durchgeführt werden soll. Bei einer Skalierung, die die Atmosphäre in der Klasse betrifft, bietet sich eine „geheime" Vorgehensweise an, bei einer Aufstellung ist der Klassenraum der geeignete Ort. Beide Vorgehensweisen haben Vor- und Nachteile: Die Durchführung in Einzelarbeit garantiert Anonymität und ist zeitlich und organisatorisch weniger aufwändig. Die Variante im Klassenraum erfordert einen größeren Aufwand, bietet andererseits aber auch sofort Gesprächsimpulse und lockert darüber hinaus die manchmal starre Unterrichtssituation auf.

Vorbehalte vonseiten der Schüler sind hier eher selten, in der Regel sind Schüler sogar froh, dass einmal etwas anderes passiert, und machen gerne dabei mit.
Auch bei der Papiervariante gibt es in der Regel kaum Einwände. Wenn die Geheimhaltung gewährleistet wird, sind Schüler meist überrascht und froh, nach ihrer Meinung gefragt zu werden.

Nicht zuletzt bietet die Skalierung auch die Chance, sich selbst eigene Positionen und Fortschritte bewusst zu machen.

Deine Einschätzung ist gefragt!

ARBEITSBLATT/KOPIERVORLAGE

1. Überlege, wie wohl du dich auf einer Skala von 1 bis 10 fühlst
   (1 = sehr unwohl, 10 = sehr wohl) ...
   ... in deiner Schule,
   ... in deiner Klasse,
   ... in deinem Freundeskreis.
   Markiere die entsprechenden Werte auf den Skalen.

Schule:

1 2 3 4 5 6 7 8 9 10

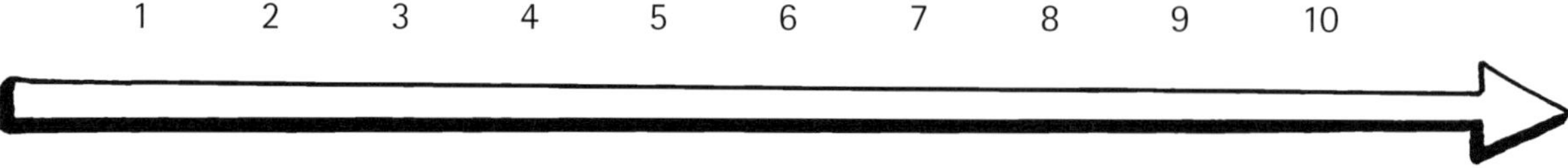

Klasse:

1 2 3 4 5 6 7 8 9 10

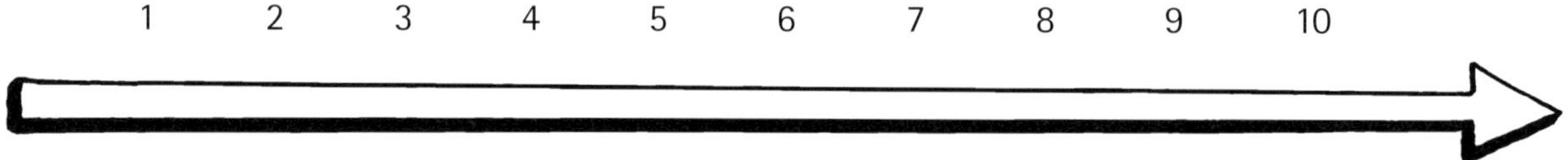

Freundeskreis:

1 2 3 4 5 6 7 8 9 10

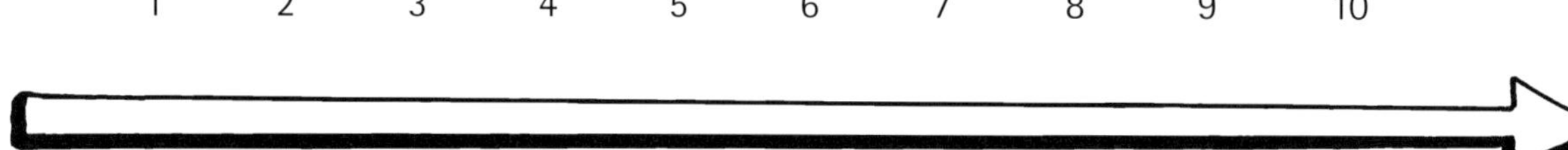

2. Überlege jetzt, in welchem Bereich du dich in Zukunft wohler fühlen möchtest und welche Maßnahmen dazu nötig wären. Schreibe auf.

Bereich/e: ....

Dazu muss ich das Folgende unternehmen/ändern:

....

....

....

....

Wappen entwerfen

LEHRERHINWEIS

Ziele/Kompetenzen:	Die Schüler tauschen sich in Gruppen über ihre Interessen aus und erkennen Gemeinsamkeiten. Sie einigen sich auf eine gemeinsame Position und setzen diese produktiv-gestaltend um.
Alter:	ab Klasse 5
Material:	Arbeitsblatt (S. 76)
Möglicher Einsatz:	Kennenlernphase, Teambildung, Kommunikation

Zur Methode

Die Schüler erstellen in Gruppen ein gemeinsames Wappen. Sie werden dadurch dazu angeregt, sich darüber auszutauschen, welche Elemente die einzelnen Individuen der Gruppe darstellen könnten und welches gemeinsame Symbol für die gesamte Gruppe stehen sollte.
Teambildung wird so als Prozess gesehen, in den sowohl die individuellen Bedürfnisse der Gruppenmitglieder, als auch ein übergeordnetes gemeinsames Gruppenziel einbezogen werden müssen.
Durch die künstlerische Ausgestaltung des Wappens werden einerseits Talente und Fähigkeiten berücksichtigt, die im „normalen" Unterricht weniger gefordert sind, andererseits können so auch stillere Schüler ihren Beitrag leisten.
Über den nötigen kommunikativen Austausch lernen sich die Schüler kennen und die Kleingruppe entwickelt ein Teamgefühl: Daher ist es sinnvoll, diese Zusammensetzungen im weiteren Verlauf des Unterrichts, z. B. für Gruppenarbeiten oder für Lerngruppen beizubehalten.

Ablauf

1. Die Schüler bilden Vierergruppen oder werden vom Coach in Vierergruppen eingeteilt.
2. Die Gruppen erhalten das Arbeitsblatt (S. 76): Sie bearbeiten den Auftrag, ein Wappen zu entwerfen, dessen einzelne Aspekte die Gruppenmitglieder symbolisch repräsentieren sollen. Dazu teilen die Mitglieder das Wappen in vier Teilbereiche auf, die Mitte des Wappens bleibt zunächst ausgespart.
3. In die vier Segmente zeichnet jeder der vier Teilnehmer ein Symbol für sich selbst.
4. Dann einigt sich die Gruppe auf ein gemeinsames Symbol, das für die ganze Gruppe steht, und zeichnet dieses in die Mitte des Wappens.
5. Danach werden die Wappen im Klassenverband vorgestellt und erläutert.

Didaktische Hinweise, Varianten und Tipps

Statt eines Wappens kann man auch ein anderes gemeinsames Erkennungszeichen (z. B. einen Button, einen Sticker oder ein Gruppen-T-Shirt) gestalten lassen, je nach Motivationslage des Kurses und/oder den finanziellen Möglichkeiten.

Ältere Schüler kann man nach der Fertigstellung der Wappen zwei Großgruppen bilden lassen und ihnen nun die Aufgabe stellen, ein Wappen für ihre neue Gruppe zu entwerfen (Nr. 4–6 des Arbeitsblatts). Hierbei kann es zu heftigen Verteidigungen des eigenen Entwurfs kommen – umso wertvoller für die zukünftige Arbeit der Gruppe ist der Einigungsprozess der Teilnehmer. Der Prozess sollte in der Klasse diskutiert werden.

Wappen entwerfen

ARBEITSBLATT/KOPIERVORLAGE

1. Bildet Vierergruppen.
2. Entwerft für eure Gruppe ein Wappen: Zunächst denkt jeder sich ein Symbol für sich aus (Hobbys, Interessen etc.) und zeichnet es in eine der vier Ecken.
3. In der Mitte soll ein Symbol für die ganze Gruppe stehen. Diskutiert, welches Symbol die Gruppe repräsentieren soll, und malt es auf.

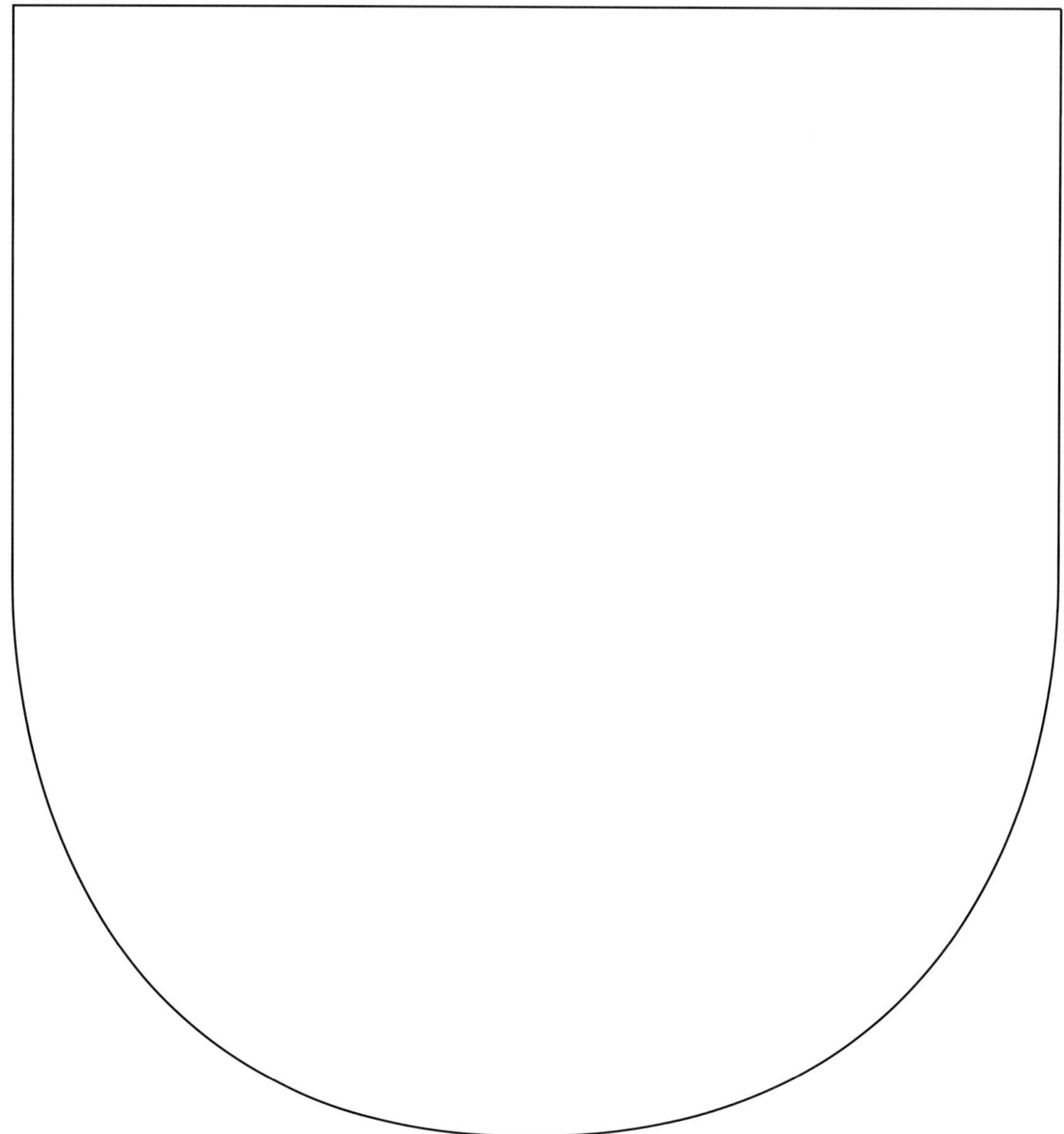

4. Bildet jetzt Gruppen mit jeweils acht Teilnehmern aus zwei ursprünglichen Vierergruppen.
5. Jede der Gruppen erstellt nun für sich ein Wappen aus den beiden vorhandenen Vorschlägen.
6. Diskutiert, wie das neue Wappen aussehen soll, und zeichnet es auf.

Mitspielkrimi

LEHRERHINWEIS

Ziele/Kompetenzen:	Die Schüler trainieren Fragetechniken, holen Meinungen ein, unterscheiden offene und geschlossene Fragen und üben sich in gelingender Kommunikation. Die Schüler beobachten Kommunikationsprozesse und werten diese aus. Sie legen verbindliche Gesprächsregeln fest.
Alter:	ab Klasse 9
Material:	Arbeitsblatt (S. 79), Rollenkarten (S. 81 ff.), Beobachtungsbogen (S. 80)
Möglicher Einsatz:	Teambildung, Kommunikationsprozesse in der Klasse

Zur Methode

Teambildung und Kommunikation sind eng miteinander verwoben: Ohne eine symmetrische Kommunikation, d. h. eine Kommunikation auf „Augenhöhe", entsteht kein echtes Team und ist keine fruchtbare Arbeit möglich. Durch ein Detektivspiel, an dem alle Gruppenmitglieder partizipieren, lässt sich die Bedeutung von Teamarbeit und Kommunikation spielerisch und ohne „erhobenen Zeigefinger" vermitteln. Alle Beteiligten arbeiten gemeinsam an der Lösung eines Falles und stärken hierüber die Kommunikation im Team. Die Motivation, den Kriminalfall aufzuklären und den Täter zu entlarven, lässt die Schüler unmittelbar erkennen, welche Form der Kommunikation dafür erfolgversprechend ist und welche Varianten der Gesprächsführung eher kontraproduktiv sind. Beobachter können sich während des Spiels Notizen machen und ihren Mitschülern zusätzliches Feedback hinsichtlich des Gelingens geben.

Ablauf

1. Der Coach befragt die gesamte Gruppe dazu, was sich bisher bei gemeinsamen Problemlösungsprozessen bzw. bei der Kommunikation im Team generell als schwierig gestaltet hat, und sammelt die Ergebnisse an der Tafel oder auf Folie.
2. Der Coach erklärt den Zweck und den Ablauf des Spiels: Die Schüler sollen gemeinsam einen Mordfall lösen und dazu verschiedene Rollen übernehmen. Ein Schüler ist der Kommissar, einer ist der Mörder und die übrigen sind unterschiedliche Zeugen, die an dem Fall beteiligt sind.
3. Der Coach entscheidet je nach Größe der Lerngruppe, ob alle Schüler als Spieler beteiligt sind oder ob die Klasse in zwei gleich große Gruppen aufgeteilt wird. In letzterem Fall agiert die eine Hälfte der Klasse als Spieler, die anderen Schüler erhalten die Aufgabe, jeweils das Verhalten eines der Spieler anhand von Kriterien zu beobachten. Ihre Ergebnisse halten die Beobachter dann auf dem Arbeitsblatt „Die Tote in der Badewanne – Beobachtungsbogen" (S. 80) schriftlich fest.
4. Die Schüler machen sich mithilfe des Arbeitsblatts „Die Tote in der Badewanne – Einen Kriminalfall lösen" (S. 79) mit dem Fall vertraut, indem dieser laut vorgelesen wird.
5. Der Coach bestimmt einen Schüler zum Kommissar. Er schneidet die Rollenkarten (S. 81 ff.) auseinander, mischt sie, und gibt jedem Schüler, der an dem Spiel teilnimmt, eine Karte. Der Kommissar erhält als Einziger keine. Vorbereitet sind 32 Karten, einige Rollen können allerdings nichts zur Auflösung des Falls beitragen. Diese können daher bei kleineren Gruppen oder der Teilung der Klasse in eine Spieler- und eine Beobachtergruppe weggelassen werden. Die Karten, die auf jeden Fall verteilt werden müssen, um den Fall lösen zu können, sind mit einem Stern gekennzeichnet: * Die Schüler begeben sich anhand der Informationen in ihre Rollen.

Mitspielkrimi

LEHRERHINWEIS

Ein Beispiel aus der Praxis

Das vorliegende Tool habe ich in einem ersten Semester unseres Kollegbereichs (vergleichbar mit Klasse 10/11 im Ersten Bildungsweg) erprobt.
Die Motivation war sehr hoch, den Täter zu überführen. Sehr schnell erwiesen sich dabei bestimmte Gesprächsstrategien als wenig hilfreich:
So führten z.B. geschlossene Fragen oft detektivisch in eine „Sackgasse" – erst ein entsprechender Hinweis meinerseits brachte dann die Ermittlungen weiter.
Andere Strategien dagegen wurden von den Schülern selbst als nicht hilfreich erkannt: Drohungen oder der Versuch der Einschüchterung, Unterbrechungen der Zeugenaussagen etc. Im Anschluss wurden dann ausgehend von den Erfahrungen im Detektivspiel verbindliche Regeln für die Kommunikation in der Klasse und das gemeinsame Arbeiten im Klassenverband festgelegt.
Bei einer Verletzung der Regeln im weiteren Verlauf des Schuljahres konnte dann immer wieder auf das Spiel verwiesen werden, um den Sinn der Regeln zu verdeutlichen und sie wieder ins Gedächtnis der Schüler zu rufen.
Ich hatte den Eindruck, dass dieser Hinweis jeweils eine neue Einsicht in die Sinnhaftigkeit der festgelegten Regeln bewirkte.

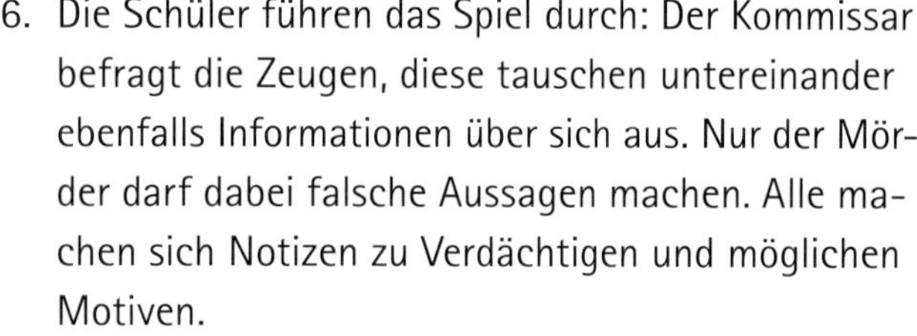

6. Die Schüler führen das Spiel durch: Der Kommissar befragt die Zeugen, diese tauschen untereinander ebenfalls Informationen über sich aus. Nur der Mörder darf dabei falsche Aussagen machen. Alle machen sich Notizen zu Verdächtigen und möglichen Motiven.
7. Nach einem vereinbarten Zeitraum bzw. dann, wenn der Mörder vom Kommissar oder einer anderen Person ermittelt wurde, werden die verschiedenen Gesprächsstrategien besprochen. Sollte es eine Beobachtergruppe geben, teilt sie ihre Erkenntnisse den Spielern mit.
8. In einem anschließenden Unterrichtsgespräch wird der Verlauf des Spiels im Hinblick auf die Kommunikation reflektiert und festgelegt, welche Kommunikationskultur die Klasse in Zukunft für sinnvoll hält.

Didaktische Hinweise, Varianten und Tipps

Dieses Tool erfordert einen Zeitbedarf von einer Doppelstunde zur Durchführung des Spiels und – sollte man sich einen Kriminalfall selbst ausdenken – auch eine intensive Vorarbeit seitens des Coaches/Klassenlehrers. Trotzdem lohnt sich der Aufwand, da gelungene Kommunikation und ein funktionierendes Team innerhalb einer Klasse Grundvoraussetzung für erfolgreiches Lernen sind. Die Motivation der Schüler, sich an einem solchen Teamspiel zu beteiligen, ist in der Regel sehr hoch. Bei der anschließenden Thematisierung im Unterrichtsgespräch werden die Regeln für Teamarbeit und Gespräche nach der Praxis des Rollenspiels deutlich ernster genommen, daher erscheint die investierte Zeit durchaus effektiv genutzt.

Die Tote in der Badewanne – Einen Kriminalfall lösen

ARBEITSBLATT/KOPIERVORLAGE

Der Fall:

Die Schöne im Bad

In einem noblen Stadtviertel von Köln wurde in einem großen Apartment die Leiche einer jungen, sehr hübschen Frau von ca. 27 Jahren gefunden. Die Tote lag in der Badewanne. Recherchen haben ergeben, dass die junge Frau Barbara König hieß und unverheiratet war. In der Tiefgarage des Apartmenthauses steht ein amerikanischer Luxus-Sportwagen, der offenbar der jungen Frau gehörte. Die Leiche wurde um 9 Uhr morgens von der jamaikanischen Putzfrau, Cecilia de la Reine, die seit einem Jahr dort arbeitet und einen eigenen Schlüssel besitzt, entdeckt. Cecilia alarmierte sehr schockiert umgehend die Polizei, die 15 Minuten später am Tatort eintraf. Äußerlich waren zunächst keine Verletzungen an der Leiche sichtbar. Das Badewasser, in dem sie lag, war kalt. Die Leiche war auffällig geschminkt und trug Ringe. Der Wannenrand war mit Teelichtern geschmückt, die ausgebrannt waren. Nach Aussage der Putzfrau lebte die junge Frau allein und war häufig unterwegs. Sie bezahlte sie in der Regel bar, indem sie ihr Geld auf dem Küchentisch hinterließ. Cecilia äußerte sich sehr positiv über ihre Arbeitgeberin und schien sichtlich bewegt von ihrem Tod. Die Wohnung ist edel und teuer möbliert, wenn auch etwas steril und unpersönlich: Cecilia scheint keine großen Probleme mit ihrer Reinhaltung gehabt zu haben. Der Kleiderschrank ist üppig gefüllt und im Schuhschrank finden sich zwei Paar eines angesagten und teuren Designers. Der Kühlschrank ist fast leer bis auf eine Flasche Sekt und drei Äpfel, die schon leicht verschrumpelt sind. An einem Haken neben der Wohnungstür befindet sich der Autoschlüssel für den Sportwagen.

Barbara König wurde ermordet. Aber was genau ist passiert? Und wer ist der Mörder? Helft gemeinsam dem Kommissar, Eduard Kopf, den Fall zu lösen:

1. **Versetzt euch mithilfe der Informationen, die ihr erhalten habt, in eure Rolle hinein.**
2. **Beantwortet die Fragen des Kommissars. Dabei müsst ihr die Wahrheit sagen, aber ihr müsst nicht unbedingt alle Informationen preisgeben. Derjenige, der die Karte des Mörders hat, darf als Einziger lügen.**
3. **Befragt euch untereinander und haltet Hinweise und Vermutungen im Hinblick auf den möglichen Täter und auf sein Motiv in Stichworten schriftlich fest.**
4. **Tauscht euch nach der Lösung des Falls darüber aus, welche Strategien der Spieler hilfreich und welche eher hinderlich waren.**

Abb.: Malte Knaack
© Verlag an der Ruhr | Autorin: Kerstin Lehmann | ISBN 978-3-8346-2752-0 | www.verlagruhr.de

Die Tote in der Badewanne – Beobachtungsbogen

ARBEITSBLATT/KOPIERVORLAGE

Diese Rollenfigur habe ich beobachtet: ....

Kriterium	Beobachtungen
Welches Verhalten der Person war hilfreich, um den Fall aufzuklären?	
Welches Verhalten der Person war eher hinderlich für die Lösung des Falls?	
Wie hat sich die Person innerhalb der Gruppe verhalten?	
Welche Fragen der Person haben zur Lösung des Falls beigetragen und warum?	
Hat die Person eher eine aktive oder eher eine zurückhaltende Position eingenommen?	
Was würdest du der Person vorschlagen, um ihre Gesprächsstrategie zu verbessern?	

Die Tote in der Badewanne – Rollenkarten (1/8)

ARBEITSBLATT/KOPIERVORLAGE

Dein Name ist ***Cecilia de la Reine.***

Du bist in Jamaika geboren.

Du bist illegal in Deutschland und arbeitest schwarz als Putzfrau für verschiedene Arbeitgeber, deshalb meidest du den Kontakt zur Polizei.

Der Hausmeister hat mehrfach angedeutet, dich zu verraten, deshalb gibst du ihm Geld.

Für das Mordopfer arbeitest du seit einem Jahr.

Du hast den Verdacht, dass das Opfer als Callgirl arbeitet, da du verschiedentlich teure Geschenke von Männern gefunden hast, möchtest das aber nicht sagen, da du Angst vor der Polizei hast.

Zudem hast du zweimal etwas aus dem Apartment „mitgehen" lassen.

Dein Name ist ***Oscar König.***

Du lebst seit etwa fünf Jahren in dem Apartmenthaus und bist der Nachbar des Mordopfers.

Du fragst dich schon lange, wie die junge Frau sich diesen Lebensstil und das teure Auto leisten kann, aber da du berufstätig bist, bist du tagsüber nicht da und kannst wenig zu dem Mordopfer sagen.

Allerdings hast du bemerkt, dass häufig Pakete abgegeben werden …

*

Dein Name ist ***Maximiliane Meier.***

Du bist Rentnerin und hast relativ viel freie Zeit.

Als du gestern Nachmittag zufällig aus dem Fenster geschaut hast, hast du gesehen, wie auf der anderen Straßenseite ein blauer Mercedes parkte.

Dein Name ist ***Hugo Lehmann.***

Du bist der Hausmeister der Apartment-Anlage.

Cecilia gibt dir gelegentlich Geld, damit du sie nicht bei der Polizei verrätst.

Du hast einen Generalschlüssel für alle Apartments.

Das Mordopfer hat dir immer große Trinkgelder gegeben. Da du dies jedoch vor deiner Frau (und der Steuer) verheimlichst, möchtest du dich möglichst wenig zu dem Fall äußern. In letzter Zeit war das Opfer auch nicht mehr so spendabel!

Die Tote in der Badewanne – Rollenkarten (2/8)

ARBEITSBLATT/KOPIERVORLAGE

Dein Name ist ***Egon Schmidt.***

Du bist ein Parteifreund von Heribert Wagner und Abgeordneter der DDP im Bundestag.

Günter Gauss kennst du gut. Du hast deiner Frau neulich ein Auto bei ihm gekauft. Gauss verkauft fast alle seine Autos an die Partei.

Heribert Wagner ist auch privat ein enger Freund von dir, aber du hast schon lange den Verdacht, dass er seine Frau betrügt.

Dein Name ist ***Constanze Mirage.***

Du bist die Freundin von Cecilia und arbeitest ebenfalls als Putzfrau.

Du weißt, dass Cecilia große Angst hat, entdeckt zu werden, und deshalb die Polizei meidet.

Gestern hast du dich mit Cecilia getroffen und sie hat gesagt, das Mordopfer habe in letzter Zeit sehr gute Laune gehabt und auch gesagt, dass es bald Grund gäbe, etwas zu feiern.

Dein Name ist ***Egon Stumpf.***

Du bist Parteivorsitzender der DDP.

Du hast äußerst strenge moralische Ansichten.

Du hast neulich ein neues Auto bei deinem Parteifreund Günter Gauss gekauft, bestimmt sind da auch noch Folgeaufträge für ihn drin …

Heribert Wagner kennst du seit sieben Jahren und schätzt ihn sehr wegen seiner Loyalität und seines Arbeitseinsatzes für die Firma.

Du erwägst, ihn zum Spitzenkandidaten in seinem Wahlkreis bei der nächsten Landtagswahl zu ernennen.

Dein Name ist ***Elvira Stumpf.***

Du bist die Frau von Egon Stumpf und sehr eng mit Joyce Wagner befreundet.

In letzter Zeit wirkt Joyce auf dich etwas bedrückt.

© Verlag an der Ruhr | Autorin: Kerstin Lehmann | ISBN 978-3-8346-2752-0 | www.verlagruhr.de

Die Tote in der Badewanne – Rollenkarten (3/8)

ARBEITSBLATT/KOPIERVORLAGE

Dein Name ist ***Joyce Wagner***.

Du bist die Frau von Heribert Wagner.

Du bist sehr stolz auf deinen Mann.

In letzter Zeit wirkt dieser aber oft angegriffen und wird schnell aggressiv.

Du machst dir ernsthafte Sorgen, dass etwas nicht stimmt, willst aber auch nicht mit Fragen in ihn dringen.

Dein Name ist ***„Janine"***.

Du arbeitest als Callgirl für Madame Caprice.

Das Mordopfer kennst du seit zwei Jahren. Dein bester Kunde ist Günter Gauss, gelegentlich wechselte er aber auch zum Mordopfer: Abwechslung muss sein!

Da dein Beruf niemanden etwas angeht, gibst du in der Regel an, Sekretärin zu sein ...

Dein „Künstlername" ist ***Madame Caprice***.
In Wirklichkeit heißt du ***Irene Müller***.

Du leitest einen bekannten Escort-Service in Köln.

Zu deinen Kunden gehören auch bekannte Politiker und reiche Unternehmer.

Das Mordopfer kennst du seit etwa drei 3 Jahren.

Vor zwei Wochen hast du erfahren, dass Barbara aus deiner Agentur aussteigen möchte ...

*

Dein Name ist ***Heribert Wagner***.

Du bist der Mörder!
Du hast das Mordopfer mit einer Überdosis Kokain vergiftet, weil es drohte, deiner Frau und dem Parteivorsitzenden der DDP alles über eure Beziehung zu verraten, und einen „Enthüllungsroman" zu veröffentlichen.

Gestern rief sie dich im Büro an und verkündete, der Vertrag mit dem Verlag sei unterzeichnet!

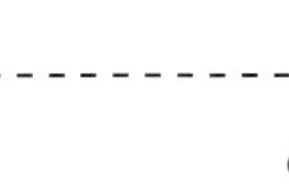

Die Tote in der Badewanne – Rollenkarten (4/8)

ARBEITSBLATT/KOPIERVORLAGE

*

Du bist der zwielichtige **August Merz**,
genannt **„Knacki"**.

Du dealst mit allem, u.a. mit Kokain.

Zu deinen Kunden gehören auch hohe Politiker, Callgirls und Unternehmer.

Dein Name ist **Dr. Michael Wagner**.

Du bist Gerichtsmediziner.

Du hast das Mordopfer untersucht.

Todesursache war eine Überdosis Kokain, die zu Herzversagen geführt hat.

---

*

Dein Name ist **Günter Gauss**.

Du bist Autohausbesitzer.

Du hast der DDP große Summen gespendet, den Vorsitzenden kennst du gut.

Das Mordopfer kanntest du auch gut, da du zu ihren Kunden gehörtest.

Insgesamt nimmst du es mit der Treue nicht so genau, hoffentlich erfährt deine Frau nichts davon, denn ihr gehört das Autohaus!

Die DDP ist ein großer Kunde von euch.

Heribert Wagner hat bei dir vor einem halben Jahr einen blauen Mercedes gekauft.

Dein Name ist **Katharina Gauss**.

Du bist die Frau von Günter Gauss.

Dir gehört das Autohaus.

Du bist rasend eifersüchtig, aber Gott sei Dank ist dein Mann dir treu …

Du kennst Heribert Wagner nur aus dem Fernsehen.

© Verlag an der Ruhr | Autorin: Kerstin Lehmann | ISBN 978-3-8346-2752-0 | www.verlagruhr.de

Die Tote in der Badewanne – Rollenkarten (5/8)

ARBEITSBLATT/KOPIERVORLAGE

Dein Name ist ***Svetlana Jürgens.***

Du hast mit Günter Gauss seit zwei Jahren eine Affäre.
Du hast das Gefühl, dass du nicht sein einziger Seitensprung bist.

Dein Name ist ***Eugenia Meier.***

Du weißt nichts, was für den Fall von Belang ist.

Du bist der Nicht-Sesshafte ***„Kalle".***

Du hast gestern Nachmittag Heribert Wagner aus einem blauen Mercedes aussteigen sehen, vor dem Apartmenthaus des Mordopfers!

Dein Name ist ***Jana Meyer.***

Du bist Lektorin bei einem großen Verlag.
Vor einer Woche hat das Mordopfer einen Autorenvertrag für einen großen „Enthüllungsroman" aus dem Rotlichtmilieu bei euch unterschrieben.

Die Tote in der Badewanne – Rollenkarten (6/8)

ARBEITSBLATT/KOPIERVORLAGE

Dein Name ist ***Kim Novak.***

Du weißt nichts, was für den Fall von Belang ist.

Dein Name ist ***Nils Schmal.***

Du weißt nichts, was für den Fall von Belang ist.

Dein Name ist ***Karl-Heinz Brandt.***

Du weißt nichts, was für den Fall von Belang ist.

Dein Name ist ***Katharina Tal.***

Du weißt nichts, was für den Fall von Belang ist.

Die Tote in der Badewanne – Rollenkarten (7/8)

ARBEITSBLATT/KOPIERVORLAGE

Dein Name ist *Kuno Lehmann.*

Du weißt nichts, was für den Fall von Belang ist.

Dein Name ist *Oliver Winter.*

Du weißt nichts, was für den Fall von Belang ist.

Dein Name ist *Sebastian Berg.*

Du weißt nichts, was für den Fall von Belang ist.

Dein Name ist *Bert Braun.*

Du weißt nichts, was für den Fall von Belang ist.

Die Tote in der Badewanne – Rollenkarten (8/8)

ARBEITSBLATT/KOPIERVORLAGE

Dein Name ist *Patrick Stremming.*

Du weißt nichts, was für den Fall von Belang ist.

Dein Name ist *Elisabeth Bortlisz.*

Du weißt nichts, was für den Fall von Belang ist.

Dein Name ist *Florian Grün.*

Du weißt nichts, was für den Fall von Belang ist.

Dein Name ist *Lars Dünn.*

Du weißt nichts, was für den Fall von Belang ist.